톰 피터스의
비즈니스 인사이트

TOM PETERS'
COMPACT GUIDE

톰 피터스·낸시 그린 지음 | 박찬정·박철우 옮김

톰 피터스의
비즈니스 인사이트

세계적 구루의
탁월한
경영 전략
13

TO EXCELLENCE

아템포

“공동체에 기여하고 공동체의 일부분이
되는 회사를 위해 일하고 싶습니다.

저는 단순히 투자를 할 회사를 원하는 것이
아니라, 믿을 수 있는 회사를 원합니다.”

댐 어니타 로딕 Dame Anita Roddick

서문

1970년에 경제학자 밀턴 프리드먼Milton Friedman은 기업이 사회나 공동체에 대한 책임이 있다는 생각을 완전히 묵살하며 주주 가치 극대화가 기업 존재의 알파이자 오메가라고 주장했습니다. 당시에는 수익의 50%가 배당금, 자사주 매입 등에 사용되었고, 나머지 50%는 직원, R&D, 그리고 여타 자본투자에 사용되었습니다. 당시로부터 42년 후인 2012년에는 수익의 91%가 사실상 주주들에게 돌아갔고 나머지 9%만이 직원과 R&D 등을 위해 남겨졌습니다. 이는 실로 놀랄 만한 수치이며, 그 무엇보다도 불평등과 사회적 불화를 증가시키는 핵심 요인이기도 합니다.

1977년에 맥킨지앤컴퍼니의 전무이사였던 론 다니엘Ron Daniel은 자신들이 제시한 훌륭한 전략을 고객 기업들이 실행하지 못하는 것에

낙담하던 중, 최고의 성과를 내는 기업의 조직과 리더십에 대한 비밀을 알아내고자 연구를 의뢰하였습니다.
저는 연구 팀의 리더로 선택되었고, 5년 후 그 결과로 『초우량 기업의 조건In Search of Excellence』이 출간되었습니다. 최고의 성과를 낸 기업들은 주주 가치 극대화가 기업 존재의 본질이라고 주장하는 프리드먼의 체계를 따르지 않았습니다. 대신 그들은 직원과 연구에 미친듯이 투자했고, 고객에게 놀랄 만한 경험을 제공하기 위해 모든 노력을 아끼지 않았으며, 그들이 거주하고 사업을 영위하는 지역에서 훌륭한 지역사회 구성원으로서 모범을 보였습니다. 프리드먼 박사에 따르면, 이들의 장기적인 재무 성과(그리고 그에 따른 일자리 창출 기록)는 압도적인 차이로 1위를 차지했습니다.

지금은 별세한 밥 워터먼Bob Waterman과 1982년에 함께 쓴 책을 시작으로 19권의 책을 출간했던 40여 년 동안 제 생각은 변하지 않았습니다. 사람 우선, 고객 만족, 그리고 실행에 대한 집착. (…) 그리고 메시지는 더욱 명확해졌습니다. 저는 이제 '소수집단 우대 정책'이 아니라 '탁월한 비즈니스'의 이유로 훨씬 더 많은 여성을 고위직에

임명해야 한다고 소리 높여 외칩니다. 저는 우리 삶을 개선하고, 우리 마음을 따뜻하게 하며, 우리 지구를 멋지게 만드는 제품 및 서비스 디자인을 적극 옹호합니다. 저는 자본투자의 #1인 '교육'에 대해 놀랄 만한 헌신을 고집합니다. 그리고 기업 자산 #1인 '영감을 지닌 일선 관리자들'로부터 모든 좋은 것이 나온다는 사실을 이해하고 행동하기를 고집합니다. 저는 돈만 탐내는 포춘 500대 기업의 한계 저 너머의 혁신가이며 일자리 창출자로서의 수많은 뛰어난 중소기업의 성과를 홍보합니다. 그리고 무엇보다도 도덕적 행동의 모범이 되며 직원들이 거주하고 사업을 영위하는 지역사회를 지원하는 데 엄청난 노력을 하는 기업들의 존재론적 필요성을 강조합니다.

제가 『톰 피터스의 인사이트 노트』라고 명명한 이 짧은 논문을 통해 다른 사람들이 제 이야기를 들어주실 것을 청합니다. 그리고 일선 현장에서 고객을 감동시키고 지역사회에 큰 공헌을 하며 특별한 일터를 만들어낸 다른 분들의 이야기를 들어보시기 바랍니다. 이 글은 짧지만, 가장 존경받는 기업과 그 리더들을 소개함으로써 제가 하고자 하는 작업의 핵심 중의 핵심을 담고 있습니다. 여러분들이 공감해주시길 희망합니다. 더욱 중요하게는, 이 글이 매우 인간적인(간접적으로는, 수익이 나는) 아이디어에 대한 결단과 행동으로 이어지길 희망합니다.

이 책의 자료는 저의 최근 저서인 『탁월한 기업의 조건Excellence Now: Extreme Humanism』에서 대부분 발췌한 것입니다. 우리는 최근까지 심신을 약화시킨 끔찍한 팬데믹에 직면해 있었습니다. 극단적인 부의 불평등을 마주하고, 여전히 초기 단계에 머물러 있는 불안정한 기술 혁명과 씨름하고 있는 지금, 저는 사람을 "진심으로" 최우선으로 여기고 그들의 불안정한 미래를 준비할 수 있도록 돕고, 지역사회를 적극적이고 열정적으로 지원하고, 고객에게 우수함과 패기로 감동을 주는 제품과 서비스를 제공하고, 병든 지구를 돌보는 "극단적 휴머니즘"이 어쩌면 직관적이지는 않더라도 최선의 길이라는 결론을 내렸습니다. 또한 이것은 업무를 수행하는 우리 모두에게 목적의식과 자부심을 불러일으킬 수 있는 길이기도 합니다.

이 "탁월함/극단적 휴머니즘 시놉시스"는 13개 테마로 구성되어 있습니다.

즐기고, 받아들이고, 행동하세요!

이 "인사이트 노트"는 13개의 핵심 테마로 구성되어 있습니다.

1
실행:
그 "마지막 95%"

아마추어는 전략에 대해서 이야기합니다.

"전략은 상품입니다.
실행은 예술입니다."

피터 드러커Peter F. Drucker

"아마추어는 전략에 대해 이야기합니다.
프로는 실행계획에 대해 이야기합니다."

USMC 장군, 로버트 힐리어드 배로Robert Hilliard Barrow

“ 실행은 비즈니스 리더가 해야 할 일입니다……

내가 지원자를 평가할 때 첫번째로 보는 것은
실행에 대한 에너지와 열정입니다……

일이 마무리되는 흥분에 대해 이야기하나요,
아니면 여전히 전략이나 원칙 이야기로
돌아가 헤매고 있나요?

극복해야 했던 장애물에 대해 자세히 이야기하나요?

자신과 함께하는 사람들의
역할에 대해 설명하고 있나요? ”

래리 보시디Larry Bossidy(하니웰 인터내셔널 전 CEO)와 램 차란Ram Charan, 『실행: 일을 완수하기 위한 규율Execution: The Discipline of Getting Things Done』

" 못 하나가 없어서 신발을 잃었고,
신발 한 짝이 없어서 말을 잃었고,
말 한 마리가 없어서 기수를 잃었고,
기수가 없어서 메시지를 잃었고,
메시지가 없어서 전투에서 졌고,
전투에서 져서 전쟁에서 졌고,
전쟁에서 져서 왕국이 무너졌다.
이 모든 것은 못 하나가 없어서였다. "

13세기 속담

" 여러분, 실행을 잊지 마세요.
실행은 가장 중요한 마지막 95%입니다. "

맥킨지 상무이사, 나의 프로젝트팀의 한 명에게 한 말

2

딱딱함은 약합니다.
부드러움은 강합니다.

Tom Peters'

나의 인생을 여섯 단어로 표현하자면 ……* **

"**딱딱함은**(숫자/계획/차트)
약합니다.

부드러움은(사람/관계/문화)
강합니다."

톰 피터스

* 1978년 초에 맥킨지 내부 프레젠테이션에서 제가 처음 이 문구를 쓴 것으로 생각합니다.
** 저의 가장 큰 열망은 비즈니스맨과 비즈니스 전문 용어, 그리고 세계의 MBA 프로그램 등 에서 소위 '딱딱한 것'이라고 불리는 걸림돌을 없애는 것입니다.

구글의
크고 부드러운 놀라움

“옥시젠 프로젝트는 구글 최고 직원들의 가장 중요한 8가지 자질 중 STEM 전문성이 꼴찌라고 결론 내림으로써 모든 사람들을 놀라게 했습니다. 구글에서 성공하기 위한 핵심 7가지 특성은 모두 소프트 스킬입니다. 좋은 코치 되기, 잘 소통하고 잘 경청하기, 다른 사람들에 대한(다른 사람들의 서로 다른 가치와 관점을 포함해서) 통찰력 갖기, 동료에 대해 공감하고 지지하기, 비판적 사고와 문제 해결 능력자 되기, 복잡한 아이디어를 연결하는 능력 보유하기 등입니다. 이러한 특성은 프로그래머보다는 영어나 연극을 전공한 사람에게서 더 많이 발견되는 것 같습니다……

아리스토텔레스 프로젝트는…… 하이테크 환경에서조차 소프트 스킬이 중요하다는 점을 더욱 강조합니다. 아리스토텔레스 프로젝트는 창의적이고 생산적인 팀에 대한 데이터를 분석합니다. 구글은 최고의 과학자들로 구성된 최우수 A팀에 자부심을 가지고 있으며, 이들은 최고의 전문지식을 갖추고 최첨단 아이디어를 계속해서 내놓을 수 있습니다. 하지만 데이터 분석 결과, 구글에서 가장 중요하고 생산적인 아이디어는 가장 스마트하다고는 할 수 없는 B팀으로부터 나온다는 것이 밝혀졌습니다.

아리스토텔레스 프로젝트에 따르면, 구글의 최고의 팀들은 평등, 관대함, 팀 동료들의 아이디어에 대한 호기심, 공감, 감성 지능 등 다양한 소프트 스킬을 나타낸다고 합니다. 그리고 무엇보다 가장 중요한 것은 정서적 안전입니다. 괴롭힘이 없습니다. ”

발레리 스트라우스Valerie Strauss, "구글이 직원들에 대해 알게 된 놀라운 사실-그리고 이것이 오늘날 학생들에게 주는 의미", 〈워싱턴 포스트〉

리치 칼가드:
소프트엣지

나는 〈포브스〉 발행인 리치 칼가드Rich Karlgaard의 딱딱함(hard)-부드러움(soft)에 대한 정의와 구분을 적어도 내 스스로가 한 것만큼 좋아합니다.

“저는 비즈니스 세계가 하드엣지hard-edge 사람들이 담론과 토론을 지배하고 있는 기로에 있다고 생각합니다……

대다수의 기업과 대부분의 관리자들 사이에서 벌어지고 있는 돈과 관심을 얻기 위한 싸움은 딱딱함과 부드러움 사이의 싸움입니다……

엄청나게 많은 기업들이 소프트엣지soft-edge의 우수성에 너무 적은 시간과 비용을 투자하고 있습니다……

이 실수에는 세 가지 주된 이유가 있습니다:

하드엣지는 정량화하기가 더 쉽습니다……

성공적인 하드엣지 투자는
더 빠른 투자 수익을 제공합니다……

CEO, CFO, COO, 이사회, 그리고 주주들은
재무의 언어 즉 숫자를 사용합니다……

회사가 소프트엣지에 시간과
비용을 투자하는 경우는 다음과 같습니다:

소프트엣지의 강점은 브랜드 인지도 향상과 수익률 상승으로 이어집니다…… 이것은 무차별성으로부터 탈출하는 티켓입니다.

소프트엣지에 강한 기업들은 큰 전략적 실수나 커다란 붕괴를 겪어도 곧잘 살아남을 수 있습니다……

하드엣지의 강점은 경쟁에는 필요하지만 승리하기에는 충분하지 않은 아주 잠깐 동안의 이점만을 제공합니다. ”

리치 칼가드, 『소프트엣지: 위대한 기업의 비밀The Soft Edge: Where Great Companies Find Lasting Success』

3

공동체/
목적

공동체

비즈니스는 하나의 공동체입니다.

총체적으로, 비즈니스는 공동체입니다.

기업은 모든 직원의 성장, 노동 인력의 다양성, 그리고 사업을 영위하는 지역사회와 직원들이 거주하는 지역사회뿐만 아니라 지구의 안녕과 번영에 기본적인 책무가 있습니다.

기업은 공동체로서 또한 공동체 속의 공동체로서 분명하게 도덕적으로 행동해야 할 의무가 있습니다.

기업은 지역사회에 기여하는 기업이자 하나의 공동체로서 영감을 주는 제품과 서비스를 만들어 세상을 조금 더 나은 곳으로 만들어야 할 의무가 있습니다.

" 공동체의 탁월함 없이는 비즈니스의 탁월함도 없습니다. 이에 대해 깊게 생각해봅시다. "

톰 피터스

Tom Peters'

COMPACT GUIDE TO EXCELLENCE

"비즈니스는 단순히 돈에 관한 것이어서는 안 됩니다. 비즈니스는 책임에 관한 것이어야 합니다."

고(故) 어니타 로딕 여사는 70개 국가에서 3,000개 매장을 보유한 더바디샵을 설립하고 이끌면서 공급업체 파트너와의 관계 강화에서부터 매장이 위치한 지역사회에 대한 대대적인 공헌에 이르기까지, 기업이 사회에 특별한 기여를 할 수 있는 방법에 대한 글로벌 등대 역할을 해왔습니다. 그녀의 말에 따르면……

“비즈니스는 단순히 돈에 관한 것이어서는 안 됩니다. 비즈니스는 책임에 관한 것이어야 합니다. 비즈니스는 개인적인 욕망이 아닌 공공의 이익을 위한 것이어야 합니다.

가치는 무엇을 위해 살아야 하는지 그리고 무엇을 위해 노력해야 하는지에 대한 공유된 목적, 기준, 개념의 메시지를 담고 있습니다.

나의 열정적인 신념은 비즈니스는 재미있을 수 있고, 강력한 선의의 힘과 사랑으로 수행될 수 있다는 것입니다.

정보도 얻고, 분노도 하고, 영감도 얻고, 적극적으로 참여도 하세요.

저는 공동체에 기여하고 공동체의 일부분이 되는 회사에서 일하고 싶습니다. 단순히 투자할 회사가 아니라 믿을 수 있는 회사를 원합니다.

선하게 하는 것이 좋은 비즈니스입니다.

당신이 도덕적 우위를 차지하면 누구도 이의를 제기하기 어렵습니다. 그가 바보가 아닌 이상……

퀘이커 교도들을 보세요. 그들은 거짓말을 하지 않고 도둑질도 하지 않는 훌륭한 사업가들이었습니다. 그들은 직원들과 지역사회를 돌보며 부를 일궈냈습니다. 그들은 결코 재투자하는 금액보다 수익금을 더 많이 가져가지 않았습니다.

시장 조사에 의존해 회사를 운영하는 것은 백미러만 보면서 운전하는 것과 같습니다.

소비자들은 자신이 엄청난 파워를 가지고 있다는 사실과 도덕적 선택이 포함된 구매 행위를 한다는 점을 충분히 알지 못하고 있습니다.

역사적으로 비즈니스가 단순히 수익의 축적을 위한 것뿐만 아니라 공공의 선을 위한 것이었던 순간은 늘 있었습니다. 만일 공익을 위해 무언가를 할 수 없다면, 도대체 나는 무엇을 하고 있는 걸까요?

저는 창의적인 사고를 할 수 있고 또한 가장 깊은 관계를 형성할 수 있는 비즈니스를 신뢰합니다. 만일 비즈니스가 인간 정신을 발전시키는 곳이 아니라면, 우리는 큰 문제에 봉착한 것입니다. ”

어니타 로딕, 그녀가 사업가로 몸담고 있는 동안 남긴 발언

충분합니다.

무할증료/무수수료 인덱스 펀드의 아버지로 불리고 수십 년간 미국에서 가장 성공적인 투자자로 꼽히는 뱅가드 펀드 설립자 고(故) 잭 보글Jack Bogle은 『충분함: 돈, 비즈니스, 인생의 진정한 척도Enough: True Measures of Money, Business, and Life』라는 제목의 훌륭한 책을 썼습니다. 이 책은 쉘터 아일랜드의 한 억만장자가 주최한 파티의 한 장면으로 시작됩니다. 커트 보니것Kurt Vonnegut은 친구인 조지프 헬러Joseph Heller에게 이르기를, 헤지펀드 매니저인 파티 주최자가 하루 만에 벌어들인 돈이 조지프 헬러가 『캐치-22』라는 인생 소설로 평생 벌어들인 돈보다 더 많다고 말합니다. 이에 조지프 헬러는 '그래, 하지만 나는 그가 결코 가질 수 없는 무언가를 가지고 있지……그것으로 충분해'라고 답합니다. 보글 책의 핵심은 챕터 제목에 잘 표현돼 있습니다.

"너무 많은 비용, 충분하지 못한 가치"

"너무 많은 고민, 충분하지 못한 투자"

"너무 많은 복잡성, 충분하지 못한 단순성"

"너무 많은 계산, 충분하지 못한 신뢰"

"너무 많은 비즈니스적 행동,
충분하지 못한 전문가적 행동"

"너무 많은 판매원 마인드, 충분하지 못한 집사 마인드"

"너무 많은 경영진, 충분하지 못한 리더십"

"벌어진 일에 너무 집중하고,
결단에는 충분히 집중하지 못함"

"너무 많은 21세기적 가치,
충분하지 못한 18세기적 가치"

"너무 많은 '성공'들, 충분하지 못한 개성"

Tom Peters'
COMPACT GUIDE TO EXCELLENCE

4

장기 투자자가 성공합니다.

주주 가치 극대화 1970-?:
도덕이 결여되고 비교하기 어려울 정도로 파괴적인 경제 사상이 현대적 비즈니스와 사회적 공정성을 무너뜨렸다.

즉각적인 개인 이익
> 미래의 투자

1970년 9월 13일:
밀턴 프리드먼Milton Friedman은 '주주 가치 극대화' 운동을 시작합니다. 이런 기업 세계에서는:

기업 수익의 50%는 배당금/자사주 매입에 사용됩니다.

나머지 50%는 직원/연구개발/자본투자에 사용됩니다.

2012년(42년 후):

기업 수익의 91%가 배당금/자사주 매입에 사용됩니다.

(즉, 부자는 더욱 부자가 됩니다.)

9%만이 직원/연구개발/자본투자에 사용됩니다.

50%-50%에서 91%-9%로(!!!)

"우리가 우리의 공동 번영을 증진시킬 생산적 역량에 투자하리라고 기대하는 바로 그 사람들이, 대신 회사 이익의 대부분을 자신의 번영을 증진시키기 위해 사용한다."

윌리엄 라조닉William Lazonick, "번영 없는 이익", 〈하버드 비즈니스 리뷰〉

2001-2015:

615개 기업의 시가총액 65%를 차지하는 167개 종목은 "장기적인 방향성을 가지고 있습니다".

"장기적 목표에 집중하는 기업들이 단기적 목표에 집중하는 동종 기업들을 능가하는 것으로 나타났습니다……

평균 기업 수익: +47%
평균 기업 소득: +36%
평균 기업 경제 이익: +81%
평균 시가총액: +58%
평균 일자리 창출: +132%"

도미닉 바턴Dominic Barton, 제임스 매니카James Manyika, 세라 키어헤인 윌리엄슨Sarah Keohane Williamson, "데이터: 장기적 관점이 성과를 내는 점", 〈하버드 비즈니스 리뷰〉

5

사람이 “정말로” 우선입니다.

" 비즈니스는 사람들에게 풍요로움과 수익이 나는 삶을 제공해야 합니다. 아니면 해야 할 가치가 없는 일입니다. "

리처드 브랜슨Richard Branson, 『비즈니스 발가벗기기Business Stripped Bare: Adventures of a Global Entrepreneur』*

* 이 인용은 excellencenow.com과 tompeters.com에서 확인할 수 있는 27개 챕터와 4,096개 슬라이드로 구성된 "The Works"의 1번 슬라이드에 있습니다. 그리고 이것은 중장기적인 성장과 수익성을 극대화할 수 있는 데이터로 검증된 최선의 방법입니다.

"감독의 역할은 배우들이 이전에 해왔던 것보다, 또 꿈꿔왔던 것보다 더 많은 무언가가 될 수 있도록 공간을 만들어주는 것입니다."

로버트 올트먼Robert Altman, 오스카 수상 감독

선도적:
인간 성취의
정점

"모든 단계에서 선도적: (말 그대로) 당신이 가질 수 있는 인생 최고의 기회; 중장기적인 성공은 지속적인 관심을 갖고 팀원들을 효과적으로 도와주는 것, 그리고 탁월함을 끊임없이 추구하는 활기차고 자기 혁신적인 조직의 일원이자 개인으로 성장하고 번영하는 것의 함수 관계 그 이상도 이하도 아닙니다."

톰 피터스

“어떤 상황에서도 (모든 뛰어난 관리자의) 첫번째 대응은 항상 당사자 개인을 먼저 생각하는 것이고, 어떻게 하면 그 개인이 성공을 경험할 수 있도록 도울지를 생각하는 것입니다.”

마커스 버킹엄Marcus Buckingham, 『CEO가 원하는 한 가지 능력The One Thing You Need to Know . . . About Great Managing, Great Leading, and Sustained Individual Success』

Tom Peters'

COMPACT GUIDE TO EXCELLENCE

Tom Peters'

사람.
서비스.
기간.

“조직은:

사람이다.

(리더)

사람들에게 하는 서비스 제공이다.

(고객응대 팀)

사람들에게 하는 서비스 제공이다.

(고객/공동체)”

톰 피터스

" 만일 훌륭한 고객 서비스를 제공하는 직원을 원한다면, 리더가 직원에게 먼저 훌륭한 서비스를 제공해야 합니다. "

아리 와인즈바이크Ari Weinzweig, 징거맨 공동창업자, 『훌륭한 비즈니스를 구축하기 위한 아나키스트의 접근법 A Lapsed Anarchist's Approach to Building a Great Business』

“직원이 경험하는 것을 고객이 경험할 것입니다…… 당신의 고객은 당신의 직원보다 더 행복할 수는 없습니다.”

존 디줄리어스John DiJulius, 디줄리어스 그룹

“ 수술받은 후 집에 돌아와서 '내가 이제껏 본 것 중 최고의 봉합이었어!' 혹은 '신장을 정확히 멋지게 꺼냈어요!'라고 말하는 사람은 아무도 없습니다.

대신에, 우리는 우리를 돌봐준 사람들, 즉 수납창구에서 간호사와 의사까지 수술 전체 과정에 관련된 사람들에 대해 이야기합니다. 그리고 우리는 이를 단순히 저녁 식사 자리에서만 이야기를 나누는 것이 아닙니다. 우리는 이러한 경험을 친구나 동료와의 대화에서, 그리고 페이스북과 트위터와 같은 소셜 미디어를 통해 서로 공유합니다. ”

폴 슈피겔만Paul Spiegelman과 브릿 베렛Britt Berrett, 『환자는 두번째다: 리더십 방식을 바꿔 변화를 주도하라Patients Come Second: Leading Change by Changing the Way You Lead』의 "무엇이 첫번째인가?" 장에서 발췌

채용 = #1

“핵심은, 채용이 비즈니스에서 가장 중요한 부분이지만 그럼에도 여전히 많은 오해가 남아 있습니다.”

필립 델브스 브로턴Phillip Delves Broughton, “앞서 나가기 위한 노력”, 〈월스트리트 저널〉

공감/
감성 지능
업무의 100%(!!!)

“(채용 과정에서) 우리가 사용하는 최선의 필터는 좋은 사람들만 채용한다는 것입니다……

저는 문화를 매우 중요하게 생각하며, 한 개의 나쁜 사과가 전체 사과를 망칠 수 있다고 생각합니다.”

애덤 브라이언트Adam Bryant가 인용한 피터 밀러Peter Miller의 말, “옵티노스의 피터 밀러: 여기서 일하려면 ‘nice’표를 얻어야 한다”, 〈뉴욕 타임즈〉 (이 생명공학 회사의 가장 기술적인 직무에 지원하려면 모든 직급과 분야의 사람들과 면접을 통해 ‘nice’하다는 핏테스트를 통과해야 합니다. 모든 면접관은 거부권을 가집니다.)

더 많은
인문학 전공자를
채용하세요.

업종에 관계없이.
지금 당장.

“사람 중심”을 지지합니다.
최고의 기업 차별화 요소인 디자인 마인드를 뒷받침(그리고 ‘강화’)합니다.
일반적으로 MBA와 엔지니어들 위주의 비즈니스에 인문학을 더합니다.
AI 쓰나미에 대한 최선의 방어.

“졸업 시, 일반적으로 비즈니스와 전문 학위 소지자 (MBA, 엔지니어, 변호사 등등)들은 인문계 졸업생보다 면접 및 채용률, 그리고 초봉도 더 높습니다.

2020년까지, 인문계 졸업생이 비즈니스 전문 학위 취득자보다 더 많이 늘 것입니다.

어떤 거대 기술 기업의 기업 평가에 따르면 공학 졸업생의 32%가 중상위 관리직으로 승진한 반면 인문학 졸업생의 43%가 중상위 관리직으로 승진했습니다.

어떤 거대 금융 서비스 기업에서는, 업무 평가상 최악의 관리자 60%가 MBA 보유자인 반면 최고의 관리자 60%는 학부 졸업생이었습니다. ”

헨리 민츠버그Henry Mintzberg, 『MBA가 회사를 망친다Managers Not MBAs: A Hard Look at the Soft Practice of Managing and Management Development』에서 인용된 연구 내용

읽으세요……

『인문학 이펙트: 인공지능 시대를 장악하는 통찰의 힘The Fuzzy and the Techie: Why the Liberal Arts Will Rule the Digital World』, 스콧 하틀리Scott Hartley

『왜 인문학적 감각인가: 인공지능 시대, 세상은 오히려 단단한 인문학적 내공을 요구한다You Can Do Anything: The Surprising Power of a "Useless" Liberal Arts Education』, 조지 앤더스George Anders

『센스메이킹: 이것은 빅데이터가 알려주지 않는 전략이다Sensemaking: The Power of the Humanities in the Age of the Algorithm』, 크리스티안 마두스베르그Christian Madsbjerg

『늦깎이 천재들의 비밀: 전문화된 세상에서 늦깎이 제너럴리스트가 성공하는 이유Range: Why Generalists Triumph in a Specialized World』, 데이비드 엡스타인David Epstein

“우리가 사람들에게 원하는 자질에 대하여 이야기할 때, 공감은 큰 부분을 차지합니다.
만일 당신이 사람들과 공감할 수 있다면 훌륭한 일을 할 수 있을 것입니다. 만일 당신이 공감 능력이 없다면…… 다른 사람을 향상시키는 데 도움을 못 줄 것입니다.”

스튜어트 버터필드Stewart Butterfield, 애덤 브라이언트Adam Bryant의 “슬랙의 스튜어트 버터필드: 공감이 이력서에 있는가?”, 〈뉴욕 타임즈〉

“우리는 따뜻하고 배려심 있으며 정말로 이타적인 사람을 찾습니다. 우리는 ‘재미를 추구하는 태도’를 가진 사람을 찾습니다.”

콜린 배럿Colleen Barrett, 사우스웨스트 항공 명예 회장

조용한 사람
채용하기

흔히 (그리고 어리석게도) 무시되는…… "조용함의 힘"
조용한 사람을 고용하세요.
조용한 사람을 승진시키세요.
시끄러운 사람이 가장 창의적인 사람은 아닙니다.
시끄러운 사람이 최고의 세일즈맨은 아닙니다.
시끄러운 사람이 최고의 리더는 아닙니다.

(매우) (미심쩍은) 외향적 이상형

"외향적 이상형은 그동안 많은 연구에서 다뤄져왔습니다…… 예를 들어, 수다스러운 사람은 더 똑똑하고 더 잘생기고 더 흥미롭고 더 바람직한 친구로서 평가됩니다.

말의 양뿐만 아니라 속도도 중요합니다: 우리는 빨리 말하는 사람을 느리게 말하는 사람보다 더 유능하고 호감 가는 사람으로 평가합니다…… 그러나 우리는 외향적 이상형을 생각없이 그렇게 받아들이는 심각한 실수를 범하고 있습니다."

자기주장의 한계

“새로운 집단 사고의 위험성 또한 기억하세요.

만일 창의력을 추구한다면, 당신의 직원들에게 아이디어를 공유하기 전에 먼저 혼자서 문제를 해결하도록 요청하세요…… 자기주장이나 달변을 좋은 아이디어로 착각하지 마세요.”

조용함의 힘

“언젠가 당신이 평온한 얼굴과 조용한 목소리를 지닌 사람을 만나면, 그 사람은 마음속으로 방정식을 풀거나, 소네트를 작곡하거나, 모자를 디자인하고 있을지도 모른다는 사실을 기억하세요. 즉, 그 사람은 조용함의 힘을 보여주고 있는지 모릅니다.”

수전 케인Susan Cain, 『콰이어트: 시끄러운 세상에서 조용히 세상을 움직이는 힘Quiet: The Power of Introverts』

(참고: 『콰이어트』는 제가 선정한 금세기 최고의 비즈니스 서적입니다. 맙소사, 우리는 지금 인구의 거의 절반에 반하는 암묵적인 편견에 대해 이야기하고 있습니다. 그리고 기회가 주어지면 주목을 받지 않은 절반이 시끄러운 동료들을 능가하는 경우가 더 많다는 사실! 수전 케인은 이 점에 주의를 기울이지 않은 저를 바보가 된 기분이 들게 만들었습니다!)

승진 결정:
생과 사

“(승진)은

생사를 가르는 결정입니다.”

피터 드러커, 『경영의 실제The Practice of Management』

교육 =
기업 투자의 #1

"교육, 교육, 더-많-은 교-육*"

체스터 니미츠Chester Nimitz 제독, 태평양 지역 총사령관, 제임스 혼피셔의 『해왕성의 지옥: 과달카날에서 미 해군Neptune's Inferno』 (강조 표시는 니미츠의 것입니다.)

* 진주만 공습 당시 미 해군은 어이없게도 준비가 턱없이 부족했습니다. 해결 방안? 가장 중요한 점은 교육입니다. 니미츠에 따르면, 교육은 하드웨어나 많은 함선보다 더 중요했습니다.

교육은
자본투자입니다……

“비용”이 절대
아닙니다!

“교육이 가장 중요하다고(자본투자의 #1) 생각하지 않는다면 해군 제독, 육군/공군/해병대 장군, 풋볼 코치, 양궁 코치, 소방서장, 경찰서장, 연극 연출가, 교향악단 지휘자, 비행기 조종사, 응급실/중환자실의 책임자, 원자력 발전소의 운영책임자, 대규모 식당 운영자, 대중 연설가에게 물어보세요……”

톰 피터스

“ 만일 저에게 나무를 베는 데 6시간을 준다면, 처음 4시간은 도끼날을 벼리는 데 쓰겠습니다. ”

에이브러햄 링컨Abraham Lincoln

Tom Peters'
COMPACT GUIDE TO EXCELLENCE

최일선 리더 =
기업 자산의 #1

“위대한 군대에서 장군의 역할은 부하 병사들을 지원하는 것입니다.”

토마스 빌헬름Thomas Wilhelm 대령, 로버트 카플란의 “왕이 될 사람”에서 인용, 〈애틀란틱〉

최일선의 리더는……

"기업 생산성의 핵심 결정자.
직원 유지의 핵심 결정자.
제품과 서비스 품질의 핵심 결정자.
기업 문화의 핵심 전달자 겸 전형.
탁월함을 위한 핵심 기수.
지속적인 직원 개발의 핵심 옹호자 겸 조력자.
교차 기능적 탁월함의 핵심 실행자.
기업 강점의 #1."

다양한 출처에서

Tom Peters'

최일선의 리더에 대한 7가지 핵심 질문:

1. 당신은 최일선의 리더가 조직의 핵심 리더십 역할이라는 사실을 명확히 이해하고 있으며 그에 따른 행동을 하고 있습니까?

2. 인사 전문가(그리고 최고 경영진)들은 개별적이든 전체적이든 발전에 특별히 주목하여 최일선의 리더를 선발합니까?

3. 당신은 최일선의 관리자를 선정하는 데 엄청나게 많은 시간을 할애하고 있습니까?

4. 당신은 최일선의 관리자 자리를 훌륭한 인재로 채울 수 있을 때까지 고통스럽더라도 비워두실 의향이 있습니까?

5. 최일선의 관리자를 위한 업계 최고 수준의 교육 및 지속적인 개발 프로그램을 보유하고 있습니까?

6. 최일선의 관리자에게 공식적이고 엄격하게 그리고 지속적으로 멘토링을 제공하고 있습니까?

7. 최일선의 관리자들이 자신의 직책에 걸맞은 관심과 인정, 그리고 존중을 받고 있습니까?

6

사람이 “정말로” 최우선: 급진적 포용성

기업의 성공 =
더 많은 여성 책임자

“만일 당신이 한 남성을 교육시킨다면 그것은 단순히 한 개인을 교육시키는 것이지만, 한 여성을 교육시키는 것은 곧 한 국가를 교육시키는 것입니다.”

제임스 에먼 케기르 아그레James Emman Kwegyir Aggrey

"만일 뭔가 하고 싶은 '말'이 있다면 남자에게 물어보고, 만일 뭔가 하고 싶은 '일'이 있다면 여자에게 물어보세요."

마거릿 대처Margaret Thatcher, 전 영국 총리

“맥킨지의 연구에 따르면, 기업이 성공하기 위해서는 더 많은 여성을 승진시키는 것부터 시작해야 한다고 제안합니다.”

니컬러스 크리스토프Nicholas Kristof, “트위터, 여성, 그리고 권력”, 〈뉴욕 타임즈〉

" 리더로서, 여성이 지배한다:
새로운 연구에 따르면, 여성 관리자가 거의 모든 기준에서 남성 관리자를 능가하는 것으로 나타났습니다. "

로셸 샤프Rochelle Sharpe, 〈블룸버그 비즈니스위크〉

“뛰어난 리더십을 구성하는 16개 역량 중 12개 역량에서 여성이 남성보다 더 높은 평가를 받았습니다.

여성이 남성보다 더 높은 점수를 받은 두 가지 특성, 즉 주도권 잡기와 성과를 향한 추진력은 남성의 특별한 강점으로 오랫동안 여겨져왔습니다.”

잭 젠거Jack Zenger와 조셉 포크먼Joseph Folkman, “여성이 남성보다 더 나은 리더인가?”, 〈하버드 비즈니스 리뷰〉

"(459개 조직의 2,482명 관리자를 대상으로 한) 5년간의 연구에 따르면, 남성과 여성 관리자가 이행한 리더십 기술 수준에서 상당한 차이가 있음을 보여주었습니다.

직원들은 평가 대상 20개 기술 분야 중 17개 분야에서 여성 관리자를 남성 관리자보다 더 높게 평가하였는데, 이 중 15개 분야는 통계적으로 유의미한 수준을 보였습니다. 경영진들은 20개 기술 분야 중 16개 분야에서 여성 관리자가 더 높다고 평가하였는데, 16개 모두에서 통계적으로 유의미한 수준을 보였습니다. ”

로런스 A. 패프Lawrence A. Pfaff & 어소시에이츠, "책임자로서 여성의 공간은?", 〈비즈니스위크〉

여성은
뛰어난
비즈니스 오너

“여성이 오너인 기업의 성장과 성공은 최근 비즈니스 세계에서 벌어지고 있는 엄청난 변화 중 하나입니다.”

마거릿 헤퍼넌Margaret Heffernan, 『정상에 선 여성: 21세기를 위한 권력과 성공의 본질을 재정의하다Women on Top: Redefining Power and the Nature of Success for the 21st Century』

Tom Peters'

여성의
뛰어난
투자 스킬

워렌 버핏은 소녀처럼 투자합니다: 여러분들도 그래야 하는 이유

루앤 로프턴LouAnn Lofton

여성은……

- **남성보다 적은 거래를 함**
- **과신하지 않으며, 자신이 모르는 점을 알고 있을 가능성이 높음**
- **남성 투자자보다 리스크를 회피함**
- **남성 투자자보다 덜 낙관적이고 더 현실적임**
- **투자 가능성에 대한 조사에 더 많은 시간과 노력을 들이고, 세부사항과 대안적 관점을 고려함**
- **동료의 압력에 더 잘 견디고, 누가 보든 상관없이 같은 방식으로 의사 결정을 하는 경향이 있음**
- **자신의 실수로부터 배움**

"여성이 재무에 관여하면 남성보다 일을 더 잘합니다. 이는 남성이 단기적인 성과에 집중하는 반면, 여성은 좀 더 긴 안목으로 보기 때문입니다."

캐시 머피Kathy Murphy, 자산 1조 7,000억 달러를 운용하는 피델리티 인베스트먼트 사장, 〈더스트릿〉 인터뷰에서

"여성은 수직적인 직급보다 수평적인 연결을 중요시하고; 서로 상호작용하며 협력적인 리더십 스타일을 선호하고; 하향식 의사 결정보다 권한부여를 선호하며; 정보 공유를 쉽게 받아들이고; 권력의 재분배를 항복이 아닌 승리로 여기고; 모호함을 선뜻 받아들이며, 이성만큼 직관도 존중하고; 태생적으로 유연하며; 문화적 다양성을 존중합니다."

주디 B. 로제너Judy B. Rosener, 힐러리 오웬의 『교실에서 리더 만들기 Creating Leaders in the Classroom』 요약

이사회:

36개월 이내 여성 50%.

경영진:

36개월 이내 여성 50%.

장난치지 마세요.

보편적 포용성: 모든 행동, 모든 의사 결정

“흑인의 삶도 소중하다BLM는 포스트에 감사드립니다.

이제 고위 경영진과 이사회의 사진으로 후속 조치를 취하세요.”

브릭슨 다이아몬드Brickson Diamond, 다양한 컨설팅 회사 ‘빅 앤서스’ 대표이사

"미국의 백인 기업 여러분,

이해합니다. 당신이 좋은 의도를 갖고 있다는 것을 압니다…… 당신은 옳은 일을 하려고 하겠지요. 하지만 당신은 어떻게 해야 할지 모르는 듯합니다…… 당신이 이제서야 묻는다는 사실이 바로 문제의 일부입니다……

흑인 직원의 말에 귀 기울이세요. 그들은 수년 동안 경종을 울려왔습니다. 하지만 귀 기울이는 정도에서 멈추면 안됩니다. 냉혹하고 분명한 흑인 데이터를 파헤쳐 보세요. 흑인 직원들이 회사 어디에 있는지 알아보시고, 더욱 중요한 점은 어디에 없는지를 알아보세요. 회의 자리에 흑인이 너무 적은 건 아닌지 세어보세요. 의사 결정이 이루어지는 회의에서 음소거된 흑인 목소리에 주목하세요. 이렇게 하면 문제를 명확히 파악할 수 있을 겁니다……

당신은 이 문제를 해결할 수 있습니다……

회사 내부에 흑인을 더 많이 고용해야 합니다. 꼭 그래야 합니다.

방정식의 한 측면으로 보자면, 이것은 '파이프라인' 문제를 완전히 해결하는 것을 의미합니다. 따라서 흑인 인재를 채용, 유치, 개발, 육성하기 위한 노력을 두 배로 늘리세요. 흑인 어린이와 그들의 미래를 옹호하는 교육기관에 자금을 지원하세요.

방정식의 다른 측면으로 보면, 이것은 흑인 인재가 계층 사다리를 오를 수 있도록 돕는 것이고, 부상하는 흑인 리더에게 권력과 권한을 넘겨주는 것을 의미합니다. 회사에서 인재의 유지와 승진은 모집과 채용만큼이나 시급한 문제입니다……

현재, 조직이 어디에 있는지 분석하세요. 그리고 조직이 어디에 있기를 원하는지 목표를 정하세요. 그 목표를 이루기 위한 인센티브를 마련하세요. 목표에 대한 측정은 엄격하고 가차없어야 합니다. ”

외퍼스 유나이티드 설립자이자 전 애플 마케팅 부사장인 오마르 존슨Omar Johnson의 〈뉴욕 타임즈〉 전면 기고문 중에서

극단적 휴머니즘: 더 나은 세상을 만드는 디자인

극단적 휴머니즘:

우리의 삶을 밝게 하는, 세상을 향상시키는 디자인/제품과 서비스* ** 부가가치 차별화 요소 #1***

"인류가 이룩한 최고의 것들을 경험해보세요. 그런 다음 그것들을 자신이 하고 있는 일에 도입해보세요."

스티브 데닝Steve Denning의 "놓친 인터뷰: 스티브 잡스가 우리에게 정말 중요한 것이 무엇인지 말하다"에서 스티브 잡스Steve Jobs의 말, 〈포브스〉

* 당신이 "세상을 향상시키는 것은 어려운 일입니다"라고 말하면, 저는 "네, 그게 아니라면 굳이 왜 할까요?"라고 말합니다.

** 새로운 고객 제안만큼이나 새로운 교육 과정에도 적용됩니다.

*** AI가 우리를 집어삼키면서 10배 더 중요해졌습니다.

“ 셰이커 체어 특유의 우아함은 천사가 와서 앉을 것이라는 믿음이 있는 사람이 만들었기 때문입니다. ”

토마스 머튼Thomas Merton, 에드워드 데밍 앤드루스와 페이스 앤드루스 공저『나무의 종교: 셰이커 가구Religion in Wood: A Book of Shaker Furniture』

"그는 배를 만드는 기술이 마치 종교와 같다고 말했습니다. 영적으로 자신을 잊고 몰입해야 하는 작업이라고 말입니다. 완전히 자신을 내맡겨야 합니다. 작업을 끝내고 떠날 때, 자신의 마음 한 조각을 영원히 남겨두고 떠나는 느낌이었다고 말했습니다."

대니얼 제임스 브라운Daniel James Brown, 최고의 레이싱 쉘 디자이너이자 제작자 조지 여만 포코크George yeoman Pocock에 대해 언급하며, 『1936년 그들은 희망이 되었다The Boys in the Boat: Nine Americans and Their Epic Quest for Gold at the 1936 Berlin Olympics』

"어떤 의미에서 보자면, 우리는
배려함으로써 실제로 인류에 봉사하고 있습니다……

사람들은 이것이 어리석은 신념이라고 생각하겠지만, 이것은 하나의 목표입니다. 아주 작은 방식으로나마 우리가 문화에 기여할 수 있기를 바랍니다. ”

조니 아이브Jony Ive, 전 애플 디자인 책임자, 이언 파커의 "앞으로 다가올 것들의 형태"에서, 〈뉴요커〉

“ 만일 당신이 ‘나사를 직접 사는 가격보다 엄청나게 더 높은 비용으로 나사를 직접 설계하고 제작하겠습니다’라는 사업계획서를 제출한다면, 전 세계 모든 비즈니스 스쿨에서 당신에게 낙제점을 줄 것입니다.

하지만 이것은 단순한 나사가 아닙니다. 마치 '네스트' 온도계처럼, 감히 말하지만 더 좋은 나사, 역대급 나사, 더 심오한 의미를 지닌 나사입니다. 기능적으로는, 특별한 스레드 패턴을 활용하여 목재부터 석고, 얇은 판금까지 거의 모든 표면에 사용할 수 있습니다. 그리고 '맞춤형' 드라이버는 손에 안정적 느낌을 줍니다. 또한 '네스트' 로고가 새겨져 있어서 애플의 모든 제품이 '애플스러운' 것처럼 '네스트스러운' 느낌을 줄 것입니다. ”

토니 퍼델Tony Fadell, 네스트 창업자, 리치 칼가드의 『소프트엣지: 위대한 기업의 비밀』

만지기 - 맛보기 -
냄새맡기 - 미소짓기

“당신의 마음 한 조각을 남겨주세요”

“역대급 나사, 더 심오한 의미를 지닌 나사”

“천사가 와서 앉을 것이라고 믿으세요”

“조니 아이브와 스티브 잡스는 몇 시간이고 원칙에 관해 토론하곤 했습니다”

“배려를 통해 인류에 봉사하기”

“인류가 이룩한 최고의 것들을 자신이 하고 있는 일에 도입해보세요”

"(미니쿠퍼 S보다) 더 많은 미소를 불러온 신차는 없습니다"

"종교"

"로맨스"

"근본 정신"

"감성은 이성을 아침식사로 먹는다"

"비즈니스 로맨틱을 찾아서"

"자신보다 더 위대한 것을 창조하라"

"인류에 대한 감사와 사랑을 표현하세요" ❞

디자인에 대한 생각, 다양한 출처에서

팀 레버레트Tim Leberecht는 『비즈니스 로맨틱: 모든 것을 주고, 아무것도 정량화하지 마라, 그리고 자신보다 더 위대한 것을 창조하라』라는 통찰력 있는 책을 저술하였습니다.

레버레트는 기업에 공식적으로 지정된 "비즈니스 로맨틱"이 필요하다고 제안하였습니다. 그리고 아이디어에 생명을 불어넣기 위해 〈크레이그리스트〉에 다음과 같은 광고를 게재했습니다.

“우리 팀에 합류할 ‘비즈니스 로맨티스트’를 찾습니다

CEO에게 보고할 때, 비즈니스 로맨틱은 동료, 고객, 파트너, 그리고 사회 전체가 새로운 시각으로 비즈니스 세계의 아름다움을 바라볼 수 있도록 도와줄 것입니다. 희망을 전략으로 포용하는 비즈니스 로맨틱은 점점 더 복잡해지고 세분화되는 직장과 시장의 대화를 이해할 수 있는 일관된 내러티브를 제시합니다. 비즈니스 로맨틱은 자산과 투자수익률에 초점을 맞추는 대신에 비즈니스의 숨겨진 보물을 드러내고 공동체에 대한 수익을 내놓습니다. 비즈니스 로맨틱은 가장 영향력 있는 인간적인 기업으로서 비즈니스에 대한 향수 어린 신뢰를 회복하고 기업 안팎의 구성원들에게 의미, 즐거움, 재미가 가득한 브랜드 및 직장 경험을 제공하는 ‘의미 있는 행동 강령’을 개발, 설계, 실행합니다. 우리는 강력한 기업가적 추진력과 탁월한 감각, 그리고 광범위한 것을 관리하는 검증된 실적을 갖춘 자발적인 사람을 찾고 있습니다. 구체적인 책무는 다음과 같지만, 이에 한정되지는 않습니다:

- 직장에 놀이를 즐길 수 있는 예술적 공간 만들기
- 일상적인 상호작용과 거래를 '우리 자신보다 더 큰' 경험으로 끌어올리기
- 평범해 보이는 것에서 의미 찾기
- 조직과 브랜드 문화를 실용적/거래적에서 관대함/초월적으로 전환하기
- 편안함을 알력으로 대체하는 불편한 공간과 '비판적인 이벤트' 만들기
- 미스터리 미팅이나 성과에 대한 부담 없는 대화처럼 이유 없이 무언가를 하는 것과 즐겁고 목적 없는 활동에 참여하기
- 열정 프로젝트 구상 및 실행
- CFO와 정기적으로 하이킹 가기
- 직장에서 다른 로맨티스트에게 리더십 제공하기 ”

레베레흐트는 수백 건의 흥미로운 반응이 있었다고 보고했습니다.

Tom Peters'

COMPACT GUIDE TO EXCELLENCE

극단적 휴머니즘:
작은 > 큰*

" 작고 사소한 예의는 감사하고 고마워하는 마음에 가장 깊은 인상을 남깁니다. "

헨리 클레이Henry Clay

* '크거나 없거나'라는 고정관념을 '작은 것'을 고집하는 문화로 빨리 바꿉시다. 나는 이것을 "TGR-ing 문화"라고 부르는데, 이는 모두가 한마음 한뜻으로 TGR(Things Gone Right)을 지속적으로 추가하는 데 집중하는 것입니다.

“ 작은 감정이 우리 삶의 위대한 선장이라는 사실을 잊지 맙시다. ”

빈센트 반 고흐Vincent van Gogh

"우리는 하루하루를 기억하는 게 아니라, 어떤 순간을 기억하는 것입니다."

체사레 파베세Cesare Pavese

작은 > 큰:

(작은) 환자 사진, 80% 더 정확한 판정

반창고 크기의 거울

“(북미 방사선 학회의) 연구를 위해, 318명의 환자가 검사 전 사진 촬영에 동의했습니다. 사진은 환자의 파일을 열면 자동으로 나타나게 됩니다.

검사 결과를 해독한 15명의 방사선 전문의들은 설문지를 받았습니다…… 15명의 모든 방사선 전문의들은 사진을 본 후 환자에 대해 더욱 공감하는 마음이 생겼다고 인정했습니다…… 더욱 중요한 것은, 사진이 환자 파일에 첨부된 경우 전문의들이 의료 이미지 결과를 더욱 꼼꼼하게 판독할 수 있게 되었다는 연구 결과입니다.

부수적인 발견은 본 검사 범위를 넘어선 건강에 영향을 미칠 수 있는 이상 소견들입니다. 사진이 판독에 미치는 영향을 평가하기 위하여, 부수적인 이상 소견이 있는 81건의 검사를 블라인드 방식으로 방사선 전문의들에게 보여주었습니다. 시점은 3개월 후였고 동일한 방사선 전문의들에게 사진 없이 보여주었습니다. 그 결과, 파일에 사진이 없는 경우 처음 발견되었던 이상 소견의 약 80%가 보고되지 않았습니다. ”

북미 방사선 학회, "환자 사진은 방사선 전문의의 공감과 세밀함에 대한 눈을 뜨게 합니다", 〈사이언스데일리〉

(참고: 일반적으로, 결과를 판독하는 방사선 전문의는 환자와 직접 접촉하지 않습니다. 그들은 흔히 대륙만큼이나 멀리 떨어져 있습니다.)

Tom Peters'

COMPACT GUIDE TO EXCELLENCE

❝ 의료 보험 설계자인 재닛 두건Janet Dugan은 최근에 자기 공명영상(MRI) 촬영 경험을 통해서 어떤 영감을 얻었습니다. 그녀는 촬영 기계 안에서 가만히 누워 기다리는 동안, 머리 지지대 아래에 놓인 작은 거울을 발견했습니다. 거울의 각도는 그녀가 촬영 기계 밖의 방사선 촬영 기사와 눈을 마주칠 수 있도록 기울어져 있었습니다. '이건 정말 작은 일이에요,' 그녀가 말했습니다. '그럼에도 정말 큰 차이를 만들어냈어요. 외로움을 덜 느꼈어요. 내가 도움이 필요한 순간에 다른 사람과 연결되어 있는 거예요.

비록 폐쇄공포증은 없지만, 기계 밖을 볼 수 있다는 사실에 마음이 더욱 안정되었습니다…… 촬영 기사는 친절했고 간호사가 저를 웃게 하려고 애쓰는 것을 보았습니다……

저는 설계자가 어떤 일을 기획하여 삶을 변화시킬 수 있고 치유 과정에 디자인의 힘이 기여할 수 있다고 굳게 믿습니다. 그리고 그날, 그 경험에서, 저를 진정으로 편안하게 해준 것은 바로 반창고 크기의 작은 거울이었습니다.' ❞

팀 레버레트, 『비즈니스 로맨틱: 모든 것을 주고, 아무것도 정량화하지 마라, 그리고 자신보다 더 위대한 것을 창조하라』

Tom Peters'

디자인이
모든 것입니다.

"디자인이 모든 것입니다.
모든 것이 디자인입니다.
우리는 모두 디자이너입니다."

리처드 파슨Richard Farson, 『디자인의 힘: 모든 것을 변화시키는 힘The Power of Design: A Force for Transforming Everything』

“오직 한 회사만이 가장 저렴할 수 있습니다. 따라서 다른 모든 회사들은 디자인으로 승부해야 합니다.”

로드니 피치Rodney Fitch, 피치+코, 『리테일 디자인Retail Design』

"영원한 것들과 경쟁하세요!"

데이비드 오길비David Ogilvy, 『광고 불변의 법칙Ogilvy on Advertising』

딜로이트 리서치가 발견한 성공의 단 세 가지 규칙

덜로이트가 조사한 "탁월함"

25,000개 기업이
45년간의 데이터를 평가했습니다.
344개 기업이 뛰어난 기업이었고
27개 기업은 "최고 중의 최고" 슈퍼스타였습니다.

"최고 중의 최고"의 특성

"더 저렴하기 전에 더 좋게.

비용 전에 수익.

다른 규칙은 없음."

마이클 E. 레이너Michael E. Raynor와 뭄타즈 아메드Mumtaz Ahmed, 『탁월함은 어떻게 만들어지는가: 세계적 컨설팅 기업 딜로이트가 빅데이터로 밝혀낸 3가지 성장 법칙The Three Rules: How Exceptional Companies Think』(이것은 가장 심오한 연구입니다.)

우리는
디자인에 의해
정의됩니다.

디자인은 정신입니다.
디자인은 영혼입니다.
디자인은 심장입니다.

8

지속가능성: 옳은 일. 수익성 있는 일.

지속가능성:

"이는 옳은 일이고, 현명한 일이며,
수익성 있는 일입니다."

헌터 로빈스Hunter Lovins, 록키 마운틴 연구소 및 자연 자본주의 솔루션

“적게 사고, 잘 선택하고, 오래 사용하세요. 양보다는 질입니다: 이것이 진정한 지속가능성입니다. 만일 사람들이 쓰레기가 아닌 아름다운 것들만 산다면, 기후변화는 일어나지 않을 것입니다!”

비비안 웨스트우드Vivienne Westwood, 패션 디자이너

"분명한 것은 많은 관습과 관행이 오늘날의 우리 상황에 더 이상 타당하지 않다는 점입니다……

대다수 사회 및 환경 지표들을 보면, 현대 생산 시스템과 소비 패턴이 물리적, 윤리적, 그리고 정신적으로 불안정할 수밖에 없음을 분명히 나타냅니다. 따라서 우리는 아직 알려지지 않은 새로운 영역으로 나아가서, 환경 친화적이고 동시에 개인적으로나 사회적으로 더 풍요로운 새로운 접근을 탐구해야 합니다. ”

스튜어트 워커Stuart Walker,『디자인에 의한 지속가능성: 이론과 실제에 대한 탐구Sustainable by Design: Explorations in Theory and Practice』

세계 상위 2개 (소외된) 시장:

여성이 (거의)
모든 것을 구매합니다.
"노년층"이 (거의)
모든 돈을 가지고 있습니다.

여성이
(거의) 모든 것을
구매합니다.

옥스퍼드 세계사

펠리페 페르난데스아르메스토 외 10인 지음 | 이재만 옮김
173×225 | 684쪽 | 38,000원

우주의 망대에 올라선
은하계 관찰자의 시선으로 바라본 세계사
지도·그림·사진 150컷

세계의 석학들이 모여
새로운 역사관을 반영한 최신 세계사 책
다중 시점으로 과거와 현재,
지역과 세계를 한 번에 조망하다

사회사상의 역사
마키아벨리에서 롤스까지

사카모토 다쓰야 지음 | 최연희 옮김
149×126 | 512쪽 | 33,000원

자유와 공공에 대해 깊이 생각해보기 위하여

정치, 경제, 철학의 범위를 넘어
근대사회의 저류를 형성하는
온갖 지적 자극으로 가득찬 최상의 안내서

“여성이 주류 시장입니다.”

파라 워너Fara Warner, 『지갑의 힘: 현명한 기업은 세상에서 가장 중요한 소비자인 여성에게 어떻게 적응하는가The Power of the Purse: How Smart Businesses Are Adapting to the World's Most Important Consumers—Women』

"중국, 인도, 그리고 인터넷은 잊으세요: 경제 성장은 여성이 주도합니다."

"성性의 중요성", 〈이코노미스트〉

"이제 여성이 글로벌 경제를 주도하고 있습니다.

이들은 20조 달러 규모의 소비자 지출을 좌지우지하고 있으며, 이 수치는 (5년 내에) 28조 달러로 증가할 것입니다…… 종합적으로, 여성 시장은 중국과 인도를 합친 것보다 더 크고, 실제로는 중국과 인도를 합친 것보다 두 배 이상 큰 성장 시장입니다……"

마이클 J. 실버스타인Michael J. Silverstein과 케이트 세이어Kate Sayre, "여성 경제", 〈하버드 비즈니스 리뷰〉

“한 가지 확실한 것: 1인당 자산 증가와 연결된 여성들의 권력 신장은 사회 모든 영역과 층위에서 일어나고 있습니다……

이것은 시작에 불과합니다. 학교 시스템에서 여학생이 남학생보다 더 성공적이라는 것이 입증됨에 따라 이러한 현상은 더욱 커질 것입니다.

많은 경제 평론가들은 이미 여성이 생각하고 실천하는 경제, 즉 '위민노믹스'의 시대로 접어들었다고 말합니다. ”

오드 지제니스 드 투인Aude Zieseniss de Thuin, "여성이 글로벌 성장의 원동력", 〈파이낸셜 타임즈〉

“ 여성은 글로벌 성장의 원동력 ”

오드 지제니스 드 투인, “여성이 글로벌 성장의 원동력”, 〈파이낸셜 타임즈〉

Tom Peters'

COMPACT GUIDE TO EXCELLENCE

"노년층"이 (거의) 모든 돈을 가지고 있습니다.

"'나이의 힘'이 21세기를 지배할 것이지만, 우리는 안타깝게도 준비가 되어 있지 않습니다."

켄 디크트발트Ken Dychtwald, 『나이의 힘: 21세기가 신 노년층에 지배되는 방식Age Power: How the 21st Century Will Be Ruled by the New Old』

" 신규 고객층(44-65세)은 수천 개 기업의 수십 개 제품 라인에서 의미 있는 매출 성장을 가져온 현실적인 전망을 가진 유일한 성인 시장입니다. "

데이비드 B. 울프David B. Wolfe와 로버트 E. 스나이더Robert E. Snyder, 『늙지 않는 마케팅: 새로운 고객층의 마음을 사로잡기 위한 전략Ageless Marketing: Strategies for Reaching the Hearts and Minds of the New Customer Majority』

"40세 이상이 가장인 가구가 전체 인구 순자산의 91%를 보유하고 있습니다……
이처럼 성인 시장은 미국 경제에서 지배적인 시장으로서, 거의 모든 카테고리에서 지출의 대부분을 차지합니다."

캐럴 M. 모건Carol M. Morgan과 도런 J. 레비Doran J. Levy, 『베이비부머 세대와 노년층의 사고방식에 맞춘 마케팅: 최적의 타겟을 식별하고 도달하기 위해 심리통계학 활용하기Marketing to the Mindset of Boomers and Their Elders: Using Psychographics and More to Identify and Reach Your Best Targets』

“ 오늘 50세가 되는 사람들은, 성인 인생의 절반을 남겨 두고 있습니다. ”

빌 노벨리Bill Novelli, AARP의 전 CEO, 『50+: 미국 재창조를 위한 혁명의 점화50+: Igniting a Revolution to Reinvent America』

"노년층엔 이미지 문제가 있습니다. 문화적으로 우리는 젊은이들에게 맞춰져 있습니다…… 우리가 젊은이들을 생각하면…… '활기차고 생동감 있는'을, 우리가 중년 또는 '어른'을 생각하면…… '피곤하고 지친'을, 우리가 '노인' 또는 '시니어'를 생각하면…… '소진된 그리고 회색빛'을 떠올리지만, 그냥 아무 생각도 하지 않을 수 있습니다.

재무적인 수치로 보자면, 이 성인 시장엔 돈이 있기 때문에 논쟁의 여지는 절대로 없습니다. 그럼에도 광고주들은 여전히 놀라울 정도로 무관심합니다."

마사 바렛타Martha Barletta, 『사모님 마케팅PrimeTime Women: How to Win the Hearts, Minds, and Business of Boomer Big Spenders』

"노년층은 '돈이 없다'고 합니다.
하지만 그들은(우리는!) '모든 돈'을 가지고 있습니다."

톰 피터스

B+W=
APP+LTL

부머 세대(Boomers) + 여성(Women) =
모든 구매력(All the Purchasing Power) + 많은 시간(Lotsa Time Left)

큰 건 별로야/
중소기업이 지배한다.

"저는 거대한 기업 구조로부터 탈출구를 찾는 예비 창업자들에게서 종종 질문을 받곤 합니다.

'어떻게 하면 혼자 힘으로 작은 회사를 시작할 수 있을까요?' 답은 명백합니다: 큰 기업을 사서 그냥 기다리세요."

폴 오머로드Paul Ormerod, 『왜 대부분은 실패할까: 진화, 멸종, 그리고 경제학Why Most Things Fail: Evolution, Extinction and Economics』

"연구에 따르면, 신생 중소기업은 민간 부문의 새로운 일자리 거의 대부분을 창출하고 있으며, 과도할 정도로 혁신적입니다."

게르바이스 윌리엄스Gervais Williams, "만일 작은 것이 미래라면 우리 모두는 큰 승자가 될 것이다", 〈파이낸셜 타임즈〉

"GDP의 64%.
총 고용의 62%.
신규 일자리 창출의 78%."

조셉 H. 아스트라찬Joseph H. Astrachan과 멀리사 캐리 생커Melissa Carey Shanker, "미국 경제에 가족 기업의 기여: 자세히 살펴보기" (케네소 주립대학교)

어, 큰 건 별로야.

“저는 규모의 경제를 믿지 않습니다. 더 커진다는 것이 더 좋은 것은 아닙니다.

더 나쁠 수도 있습니다.”

딕 코바세비치Dick Kovacevich, 웰스 파고 전 CEO

"포스터와 그의 맥킨지 동료들은 1,000개 (대형/공공) 미국 기업의 40년 동안의 상세한 성과 데이터를 수집하였습니다.

그들은 뛰어난 성과를 유지하는 장기 생존 기업이 '단 하나도' 없다는 사실을 발견했습니다.

더욱 심각한 문제는, 데이터베이스에서 오래된 기업일수록 더욱 좋지 않은 결과를 보였다는 점입니다. ”

사이먼 런던Simon London, "적절하지 않은 기업의 장기 생존", 〈파이낸셜 타임즈〉

“글로벌 통합의 주역인 다국적 기업들은 2016년 포퓰리즘 반란이 일어나기 전부터 이미 후퇴하고 있었습니다. 그들의 재무 성과는 하락하여 더 이상 현지 기업을 앞지르지 못하고 있습니다.

많은 기업들이 비용과 세금을 절감하고 현지 경쟁사들을 능가하기 위해 그들의 능력을 소진하였습니다…… 글로벌 기업의 성장 핵심은 뛰어난 수익 창출 기계라는 주장이었습니다.

그 주장은 허구입니다. ”

"곤경에 처한 다국적 기업", 〈이코노미스트〉

"거의 모든 내 개인 친구들은 월스트리트에서 일하고 있습니다.

그들은 같은 회사를 여섯 번 사고팔 수도 있고 모두 돈을 벌지만, 실제로 혁신하고 있는지는 확신할 수 없습니다……"

제프 이멀트Jeff Immelt, GE 전 CEO

"최근 기대에 부응할 만한 대형 합병 사례를 하나만 꼽아달라는 요청에, 골드만삭스 투자정책위원회 전 의장인 레온 쿠퍼맨Leon Cooperman은 다음과 같이 말했습니다:

'분명히 성공 사례가 있는 것은 확실한데, 지금은 아무 생각이 나질 않는군요.'"

마크 L. 시로워Mark L. Sirower, 『M&A 게임의 법칙The Synergy Trap』

“지속적인 혁신을 만들어냈다고 인정받은 기업 중, 대규모 인수 또는 합병을 통해 도약을 이끌어낸 곳은 단 한 곳도 없습니다.
그뿐만 아니라, 도약에 실패했거나 혹은 도약 이후 지속하는 데 실패한 기업들은 계속 대규모 인수 또는 합병을 통해 스스로를 위대하도록 했습니다.

성장을 향한 방법은 돈으로 살 수 있지만 위대해지는 방법은 돈으로 살 수 없다는 단순한 진리를, 그들은 알지 못했습니다. ”

짐 콜린스Jim Collins, "합병 미스터리", 〈타임〉

Tom Peters'

중소기업 슈퍼스타

지하실
곰팡이 제거
챔피언

어떤 곳이든
모든 곳에서
탁월함

“코네티컷주 시모어에 있는 ‘지하실 시스템’은 주로 지하실 곰팡이와 습기를 제거하는 사업을 하고 있습니다. 한때는 냄새나고 어쩌면 유독 물질까지 있던 지하실이 이제는 수납공간이나 가족실 또는 침실로 사용될 수 있도록 재탄생했습니다: 이 말은, 집에 사실상 방이 하나 더 생긴다는 것입니다. (작은 일은 아니죠?)

'지하실 개조.'
'지루한 사업'이라고요?
래리 제인스키에겐 아니죠!
래리 제인스키와 그의 활기찬 동료들에겐:
지하실 락앤롤!

무엇보다도 제인스키는 자신의 활동과 가치를 그의 저서 『건조한 지하실의 과학』에 체계화하였고, 이는 10만부 이상 팔렸습니다. 또한 그는 27개 특허를 보유하고 있고, 1986년 사업을 시작한 이후 빠르게 성장한 회사는 마침내 6개국에 400개의 딜러를 보유하고 있으며, 매출은 1억 달러를 초과했습니다.

'지하실 시스템'은 (지역과 주와 국가에서) '최고의 직장', '최고의 중소기업', '올해의 기업가' 등의 부문에서 꾸준히 상을 받는 기업입니다. 이 회사는 우리가 아는 거의 모든 부문에서 모범이 되고 있습니다. ”

『우수한 배당금The Excellence Dividend』, 『탁월한 기업의 조건Excellence Now: Extreme Humanism』, 그리고 래리 제인스키Larry Janesky의 『건조한 지하실의 과학Dry Basement Science』

이것은 단순히 하나의 다른 차고가 아닙니다.

링컨 로드 1111번지에 있는 "자동차건축"입니다.

이 주소는 마이애미 비치의 랜드마크가 되었습니다. 예를 들어, 마이애미 히트 팀의 세계 최고 농구 선수인 르브론 제임스는 자신의 11번째 나이키 신발을 소개하며, 링컨 로드 1111번지에서 첫 주문의 환호성과 함께 축하를 전했습니다.

이 주소가 대체 뭐죠?
300대를 주차하는 주차장!

개발자 로버트 웨넷은 1910년으로 돌아가 링컨 로드의 원래 모습을 재현하고자 했습니다. 이것은, 무엇보다도, 세계적 명성을 지닌 스위스 건축가 헤르조그와 드 뫼롱이 새롭게 디자인하는 것을 의미했습니다.
이 "제품"은 "고급 건축과 자동차 보관소의 상상을 초월한 결합"으로 "카키텍처"로 불러야 한다고 한 언론 매체가 평했습니다.

링컨 로드 1111번지는 무엇보다도 공공 예술과 웅장한 계단(매일 아침 수십 명이 근처에서 조깅을 하고 요가 수업을 위해 차고로 갑니다)이 특징입니다. 웨넷은 이곳을 스토리가 있는 경험을 주는 큐레이팅된 공간이라고 부릅니다.
너무 "과하다"고 생각하십니까? 물론 그럴 수 있습니다. 그러나 이곳은 매우 수익성 높은 벤처이자 지역사회 체인저이고, 중소기업 우수성을 입증한 최고의 사례이기도 합니다.

윌리엄 테일러William C. Taylor(Fast Company 공동 창업자), 『차별화의 천재들: 치열한 경쟁을 이기는 단 하나의 전략Simply Brilliant: How Great Organizations Do Ordinary Things in Extraordinary Ways』

성공적
중소기업의
형태와 기여도

〈Inc.〉 잡지의 공동 창간인 보 벌링햄Bo Burlingham은 『스몰 자이언츠가 온다Small Giants: Companies That Chose to Be Great Instead of Big』라는 비범한 책을 썼습니다.

책에는 14개 최고 기업이 공유하는 4가지 특징이 실려 있습니다:

1. "그들 기업은 개인적인 접촉, 일대일 상호작용, 그리고 약속이행에 대한 상호 간의 헌신을 기반으로 고객과 공급업체와의 매우 긴밀한 관계를 구축했습니다."

2. "각 기업은 비즈니스가 이루어지는 해당 지역 도시, 마을, 그리고 카운티와 대단히 친밀한 관계를 맺고 있었습니다. 이러한 관계는 일반적인 '사회 환원'의 개념을 훨씬 뛰어넘는 것이었습니다."

3. "이 기업들은 또한 유난히 친밀한 직장이라는 인상을 강하게 주었습니다."

4. "또한, 리더들이 회사 업무에 쏟는 열정을 느낄 수 있었습니다. 그들은 음악, 안전조명, 음식, 특수효과, 엔지니어링, 맥주, 레코드 보관, 건설, 외식, 패션 등 다양한 주제를 좋아했습니다."

11

혁신:
많이
시도해야
이깁니다.

혁신의 기반 #1:
가장 많이 시도하라.

"우리에게는 전략적 계획이 있습니다. 바로, '무언가 하기'입니다."

허브 켈러허Herb Kelleher, 사우스웨스트 항공 설립자

“물론 우리는 실수도 했습니다. 대부분은 처음 소프트웨어를 개발할 때 생각하지 못했던 누락 사항들이었습니다. 우리는 몇 번이고 수도 없이 작업을 반복하여 문제를 해결했습니다.

우리는 지금도 같은 방식으로 일합니다. 우리의 경쟁사들이 완벽한 디자인을 만들기 위해 여전히 고민하는 동안, 우리는 이미 다섯 차례의 테스트를 진행하였습니다. 경쟁사들이 개발을 시작할 준비가 되었을 때, 우리는 버전 10을 개발 중에 있었습니다. 이것은 '계획 대 실행'의 문제입니다: 우리는 첫날부터 실행하지만, 경쟁사들은 어떤 계획을 짤지를 계획합니다. 몇 달 동안을…… ”

마이클 R. 블룸버그Michael R. Bloomberg,『월가의 황제 블룸버그 스토리 Bloomberg by Bloomberg』

"WTTMSW: 가장 많은 것을 시도하는 사람이 이깁니다."

(Whoever Tries The Most Stuff Wins)

톰 피터스

"WTTMS(ASTMSUTF)W: 가장 많은 것을 시도하고 (가장 빨리 가장 많이 망치는) 사람이 이깁니다."
(Whoever Tries The Most Stuff (Screws The Most Stuff Up The Fastest) Wins)

톰 피터스

혁신의 기반 #2:
진지한 놀이

" 진지한 놀이는 모순어법이 아닙니다. 오히려 혁신의 핵심입니다…… 놀이를 하려는 의지와 능력이 없다면 진지한 혁신가가 될 수 없습니다. "

마이클 슈라지Michael Schrage,『초일류 기업의 성공 비밀, 시리어스 플레이 Serious Play: How the World's Best Companies Simulate to Innovate』

" '놀이터 친구'가 필요합니다. "

엘리엇 마시Elliott Masie, e-러닝 선구자

혁신의 기반 #3:
"실패하라. 전진하라. 빠르게."

“빨리 실패하세요. 먼저 성공합니다.”

데이비드 켈리David Kelley, IDEO 설립자

"실패하라. 전진하라. 빠르게."

하이테크 임원, 필라델피아, 톰의 연설 중에서

"다시 시도하세요. 다시 실패하세요. 더 나은 실패를 하세요."

사뮈엘 베케트Samuel Beckett, 『워스트워드 호』

“우수한 실패에 보상하세요.
평범한 성공엔 처벌하세요.”

필 대니얼스Phil Daniels, 톰의 세미나에 참석한 호주인 임원, “우리 회사의 성공을 뒷받침하는 6가지 단어”에 대해서 한 말

“ 첫번째 테이크가 훌륭했다 하더라도 보통 몇 번의 테이크를 더 찍습니다. 왜냐하면 제가 진심으로 바라는 것은 ‘실수’이기 때문입니다. 제 영화에서 정말 멋진 순간은 계획된 것이 아니었습니다. 그런 순간들은 그냥 벌어졌고, 우리는 ‘와우, 저것 좀 봐. 우리가 간직하고 싶은 거야!’라는 생각이 들었습니다. 바로 이 지점에서 관객과 함께 진실의 버튼을 누르게 됩니다. ”

촬영할 때 찍을 만큼 찍었다고 어떻게 알았는지에 대한 질문에 로버트 올트먼Robert Altman의 대답

혁신의 기반 #4:
다양성은 성공의 묘미.
다양성이 능력보다 우선.

“인간이 자신과 매우 다른 사람, 혹은 자신에게 매우 낯선 생각이나 행동 양식을 접하면서 그 가치를 과대평가하기란 거의 불가능합니다…… 하지만 그러한 접촉이나 커뮤니케이션은 언제나 발전의 핵심 원천 중 하나였으며, 현시대에는 더욱 그렇습니다.”

존 스튜어트 밀John Stuart Mill, 『정치 경제학의 원리Principles of Political Economy』

"다양한 접근 방식을 가진 그룹, 즉 다양한 문제 해결자를 가진 그룹이 최고로 똑똑한 사람들로 구성된 그룹보다 일관되게 더 나은 성과를 냈습니다. 무작위로 (따라서 다양하게) 구성된 그룹과 최고의 멤버들로 구성된 그룹이 있다면, 무작위로 구성된 그룹이 거의 언제나 더 잘했습니다. 다양성이 능력을 이깁니다."

스콧 E. 페이지Scott E. Page, 『차이점: 다양성의 힘은 어떻게 더 나은 그룹, 회사, 학교, 사회를 만드는가?The Difference: How the Power of Diversity Creates Better Groups, Firms, Schools, and Societies』

"최근 한 젊은 엄마가 조언을 구했습니다. 그녀는 정신없이 난리치고 마구 떠들고 힘들 만큼 고집 센 7살짜리 딸아이를 어떻게 해야 하는지 알고 싶어했습니다. 저는 '그대로 키우세요'라고 대답했습니다. 여성 참정권 운동가들은 자신이 원하는 것을 요구할 때 공손하지 않았으며 마땅히 받아야 할 것을 받은 것에 대해 감사해하지 않았습니다. 그 방법이 저에게는 효과가 있습니다."

안나 퀸들렌Anna Quindlen, "잘 행동하는 것의 지옥", 〈뉴스위크〉

혁신의 기반 #5:
"조심하지 않는 법 배우기"

“저는 편안할 때 불편합니다.”

제이 치앗Jay Chiat, “제이의 길”, 〈커뮤니케이션 아트〉

"조심하지 않는 법을 배우세요."

사진작가 다이앤 아르버스Diane Arbus가 학생들에게 전하는 메시지

" 앨리스는 "노력해봐야 소용없어요"라며 웃었습니다. 그러면서 "불가능한 것을 믿을 수는 없으니까요"라고 말했습니다. 그러자 "너는 연습을 많이 하지 않은 것 같구나," 여왕이 말했습니다. "내가 네 나이였을 때는 하루에 30분은 꼭 연습했지. 왜냐하면 나는 아침식사 전에 불가능한 것을 여섯 개나 믿은 적도 있었으니까." "

루이스 캐럴Lewis Carroll, 『거울 나라의 앨리스』

12

리더십: 배려하기

문화는 게임

"만일 제가 IBM 문화에 정면으로 도전하지 않기로 선택할 수 있었다면, 아마 도전하지 않았을 겁니다…… 입사 당시 저는 전략과 분석과 측정에 대해 편견이 있었습니다…… 이에 비해, 수백 수천 명의 태도와 행동을 변화시키는 것은 매우 매우 어렵습니다."

"IBM에 근무하면서 문화는 단지 게임의 한 측면이 아니라, 게임 그 자체라는 것을 알게 되었습니다."

루이스 거스트너 주니어Louis V. Gerstner Jr., 『코끼리를 춤추게 하라Who Says Elephants Can't Dance』 (거스트너는 그가 맥킨지에 있는 동안 저의 '부드러운 것'에 집중하라는 조언을 완전히 무시했습니다.)

"문화는 아침식사로 전략을 먹습니다."

에드거 H. 샤인Edgar H. Schein, MIT 교수

Q:

“기업에게 가장 중요한 것은 무엇입니까? 전략인가요, 아니면 문화입니까?”

A:

“문화.”

도미닉 바턴Dominic Barton, 맥킨지 상무이사, “스캔들을 견디며 맥킨지 관리하기”에서 데니스 버먼 기자에게 답변하며, 〈월스트리트 저널〉

“CEO의 첫번째 계명:
CEO가 해야 할 첫번째 일은 무엇보다 사람 우선, 혁신 아니면 죽음, 탁월함 아니면 파산이라는 실질적인 기업 문화를, 한 번에 하루든 한 시간이든 일 분이든 미세한 영양분 공급으로 정해두는 것입니다.”

톰 피터스

Tom Peters'

COMPACT GUIDE TO EXCELLENCE

“MBWA: 배회하며 관리하기”

(Managing By Wandering Around)

휴렛 팩커드 제공

배회하며 관리하기(MBWA)는 『초우량 기업의 조건In Search of Excellence』의 원동력이었습니다. 즉 비즈니스 리더는 전략 기획이나 방대한 재무 정보로 표현되는 추상적인 것에 매몰되지 않고, 대신에 실제 현장에서 실제 업무와 그 업무를 수행하는 사람들과 밀접하게 접촉하는 실제 사람이란 점입니다.

1979년이었습니다. 당시 『초우량 기업의 조건』이 될 조사 작업은 초기 단계였습니다. 잠재적 추천 기업 리스트에 휴렛 팩커드라는 비교적 신생인 혁신적 기업이 있었습니다. 이후 팔로알토에 있는 존 영 사장의 '집무실'로 불리는 작은 칸막이 공간에서 인터뷰가 진행되었습니다. (음, 사장이라는 기준엔 맞지 않는 곳이었습니다.) 대화하는 중 어느 순간에 그의 입에서 "MBWA"라는 말이 튀어나왔습니다. 그때는 몰랐지만, 농담이 아니라 그 말을 듣고, 이후 저의 전문가로서의 삶은 모든 것이 바뀌었습니다. 존 영의 MBWA는 말 그대로 돌아다니며 관리하기입니다. 집무실이나 칸막이에서, 메시지나 이메일로, 파워포인트나 스프레드시트를 통해서는 리더십을 발휘할 수 없습니다. 활력 넘치는 인간 중심의 조직을 만들고 싶다면, '현장에서' 일상적이고 생생한 상호작용을 통해 리더십을 발휘해야 합니다.

" MBWA: 재미있어야……
재미없다면 직업을 잘못 선택한 것입니다. "

톰 피터스

배회하며 관리하기를 통해 실제로 무슨 일이 일어나고 있는지 확실하게 알 수 있습니다. 하지만, 그보다도 훨씬 더 많은 것이 있습니다. 『초우량 기업의 조건』 이후 35년 만에 뉴질랜드 해변을 걷다가 문득 떠오른 생각이 있습니다. MBWA를 해야 하는 이유는 재미있기 때문입니다. 일상적인 문제로 씨름하는 팀원들과 업무 공간에 함께 있는 것은 즐겁고, 또 그래야만 합니다. 이야기를 나누는 것도 즐겁습니다. 확실히, 중요한 '어떤 것'도 배웁니다. 하지만 그건 단지 5% 정도에 불과합니다. 나머지는 인간적인 조직/공동체에서의 동료애에 관한 것입니다. 저는 이 지극히 '부드러운' 활동에 대해 굳건한 마음입니다: 동료들과 어울리고 친밀하게 교류하는 것을 좋아하지 않는다면, 새벽 1시에 물류 팀과 수다를 떠는 것을 좋아하지 않는다면, 저는 진심으로 다른 일을 찾아보시기를 권합니다. (죄송합니다.)

MBZA:
비대면으로 관리하기

배회하며 관리하기는 조직의 실제 업무에 대한 '효과적인 리더의 친밀도'를 줄인 말입니다. 팬데믹 기간 동안 전통적인 MBWA는 사라졌습니다. 그리고 팬데믹 이전과 이후의 '뉴 노멀'은 원격근무의 급격한 증가로 특징지어질 것입니다. 하지만 MBWA의 개념은 그 어느 때보다 중요합니다. 저는 뉴노멀이 된 비대면으로 관리하기(MBZA)에서, 리더와의 연결성이 중요한 부분이어야 한다고 생각합니다. 줌 회의도 물론 있지만, 그보다도 많은 리더들이 일대일 MBZA를 꾸준히 진행하고 있습니다. 대부분의 경우 새로운 루틴의 어색함은 금방 사라집니다. 여기서 중요한 점은 MBWA의 개념이 그 어느 때보다도 중요하며, 원격 근무가 점점 더 보편화됨에 따라 새로운 형태의 친밀한 상호작용이 일상 활동의 중심이 되어야 한다는 점입니다.

경청은……

" 다른 사람을 설득하는 가장 좋은 방법은, 귀 기울여 상대방의 말을 경청하는 것입니다. "

딘 러스크Dean Rusk, 전 미국 국무부 장관

" 입 다물고 있을 좋은 기회를 결코 놓치지 마세요. "

윌 로저스Will Rogers

“경청은…… 존중의 궁극적인 표현입니다.
경청은…… 참여의 심장이자 영혼입니다.
경청은…… 친절함의 심장이자 영혼입니다.
경청은…… 사려 깊음의 심장이자 영혼입니다.
경청은…… 진정한 협업의 기본입니다.

경청은…… 진정한 파트너십의 기본입니다.

경청은…… 개발 가능한 개인기입니다.
(여성이 남성보다 훨씬 더 잘하긴 합니다)

경청은…… 공동체의 기초입니다.

경청은…… 성공적인 합작 투자 기업의 기반입니다.

경청은…… 지속 가능한 합작 투자 기업의 기반입니다.

경청은…… 부서 간 효과적인 커뮤니케이션의 핵심입니다.

경청은…… 뛰어난 실행력의 엔진입니다.

경청은…… 세일즈 성공의 열쇠입니다.

경청은…… 고객과의 비즈니스를 유지하는 열쇠입니다.

경청은…… 네트워크 개발의 엔진입니다.

경청은…… 학습입니다.

경청은…… 리뉴얼의 필수요소입니다.

경청은…… 창의성의 필수요소입니다.

경청은…… 다양한 의견을 수렴하는 핵심입니다.

경청은…… 전략입니다.

경청은…… '가치 창출'의 첫째 요인입니다.

경청은…… 극단적 휴머니즘의 핵심 기반입니다.

경청은…… 이윤이 납니다.

경청은…… 탁월함을 위한 헌신입니다.

위의 내용에 동의하신다면,

경청은…… 핵심 가치가 되어야 하지 않을까요? ”

톰 피터스

적극적인
경청

" 저의 리더십에 대한 교육은 워싱턴에 있을 때 윌리엄 페리 국방장관이 활동하는 모습을 보면서 시작되었습니다. 페리 장관은 각국 정상은 물론 우리 군과 동맹국 장병들에게 고루 사랑과 존경을 받았습니다. 그 이유 중 상당 부분은 그의 경청하는 태도 때문이었습니다. 그는 대화하는 모든 사람에게 온전히 집중했습니다. 그는 매우 존중하는 태도를 보였기 때문에 그가 나타나면 모두들 얼굴에 밝은 빛이 돌았습니다. 그리고 저도 같은 방식으로 사람들에게 영향을 주고 싶다는 것을 깨달았습니다. 페리가 저의 롤모델이 되었지만, 제 리더십 스타일을 바꾸기에 충분치는 않았습니다. 더 큰 일이 일어나야 했고, 실제로 일어났습니다.

경청하는 것이 항상 내 성미에 맞는 것이 아니라서 힘들었지만 깨달음은 확실했습니다…… 부하 직원이 사무실에 들어왔을 때 업무에서 눈을 떼 흘긋 쳐다본 적이 몇 번이었는지 자문해봤습니다.
그리고 저는 배에서 만나는 모든 사람과의 만남을 (아브라쇼프는 USS 벤폴드호의 선장이었습니다) 그 순간 가장 중요한 일로 여기겠다고 다짐했습니다…… 저는 적극적으로 경청하는 것이 제가 해야 할 일이라고 결심했습니다. ”

마이클 아브라쇼프Michael Abrashoff 함장, 『네 자신 속의 또다른 너를 깨워라It's Your Ship: Management Techniques from the Best Damn Ship in the Navy』

Tom Peters'

COMPACT GUIDE TO EXCELLENCE

Tom Peters'

치열한
경청

❝아주 사소해 보이는 작은 일이—아주 짧은 대화 중에도 진심으로 묻고, 진심으로 경청하며, 다른 사람에 열중하는 것만으로—진심 어린 반응을 불러올 수 있다는 것은 놀라운 일입니다.❞

수전 스콧Susan Scott, 『치열한 대화: 일과 삶에서 성공하기, 한 번에 한 가지 대화Fierce Conversations: Achieving Success at Work and in Life, One Conversation at a Time』

인지된 자제력의 힘

"성인 피실험자에게 복잡한 퍼즐과 교정 작업이 과제로 주어졌습니다.

배경에는 시끄럽고 무작위로 발생하는 정신 사나운 소음이 있었습니다; 구체적으로는, '스페인어로 말하는 두 사람과 아르메니아어로 말하는 한 사람, 작동 중인 등사기, 탁상용 계산기, 타자기, 그리고 거리의 소음 등을 조합해 만든 구별이 되지 않는 아우성'입니다.

피실험자들은 두 그룹으로 나뉘었습니다. 한 그룹은 그냥 과제를 수행하라고 했고, 다른 그룹은 '현대적인 아날로그 끄기-스위치'라는 소음 차단용 버튼이 제공되었습니다.

끄기-스위치를 가진 그룹은 없는 그룹보다 퍼즐을 다섯 배나 더 많이 풀었고 그중 극히 일부만 오류를 범했습니다.

여기에서 중요한 점은…… 끄기-스위치를 가진 그룹의 피실험자 중 아무도 스위치를 사용하지 않았다는 점입니다. 내가 통제력을 발휘할 수 있다는 지식만으로 그 차이를 만들어냈습니다. ❞

허버트 레프코트Herbert Lefcourt의 실험, 『통제력의 중심 : 이론과 연구의 최신 동향Locus of Control: Current Trends in Theory and Research』

관계 구축을 위한 시간은 언-제-나 있습니다!!!

" 개인적인 인간관계는 실생활에서의 모든 발전, 모든 성공, 모든 성취가 자라날 수 있는 비옥한 토양입니다. "

벤 스타인Ben Stein, 투자 전문가

"긴밀하고 지속적인 관계 구축을 개발하는 역량은 리더의 특징 중 하나입니다. 안타깝지만, 대기업의 많은 리더들이 자신의 역할을 전략, 조직 구성, 조직 프로세스 등을 만드는 것이라고 생각합니다. 이들은 해야 할 업무를 단순히 위임하고, 정작 업무를 수행하는 사람들과는 거리를 둡니다."

빌 조지Bill George(메드트로닉 전 CEO), 『진실의 리더십Authentic Leadership: Rediscovering the Secrets to Creating Lasting Value』

Tom Peters'
COMPACT GUIDE TO EXCELLENCE

속도의 함정:
S-L-O-W D-O-W-N
속-도-늦-추-기

지금은 미친 시기입니다. 하루에 한 번씩 '혼란'이 일어납니다.
숨이 차서 헐떡입니다.
속도는 개인 성공의 열쇠입니다.
속도는 기업 성공의 열쇠입니다.
그래서, 속도는 모든 좋은 일들의 열쇠인가요????
잠시만요……
다음 페이지에는 개인과 조직의 성공과 탁월함을 뒷받침하는 전략적 활동의 일부 목록이 나와 있지만, 이는 단숨에 (아니, 단숨에가 100번 있어도) 달성할 수 있는 것은 아닙니다.

"관계를 구축하고 유지하는 데는…… (아주 아주…… 아주 많은!!!) 시간이 걸립니다.

당신의 대의에 동참할 동맹을 모집하는 데는…… (많은) 시간이 걸립니다.

높은 수준의 문화를 구축하고 유지하는 데는…… (아주 아주 많은) 시간이 걸립니다.

독서도 공부도…… (많은) 시간이 걸립니다.

적극적인 경청도…… (많은!!!) 시간이 걸립니다.

MBWA(배회하며 관리하기)도 MBZA(비대면으로 관리하기)도…… (많은!!!) 시간이 걸립니다.

채용도 평가도 승진도…… (많은!!!) 시간이 걸립니다.

극단적인 휴머니즘도 감성적으로 연결되는 디자인도…… (아주 많은) 시간이 걸립니다.

당신의 (훌륭한!) 다음 이메일도 문자 메시지도…… (많은) 시간이 걸릴 것입니다.

모든 작업이나 프로젝트의 '마지막 1%'도…… 시간이 걸립니다.

탁-월-함도…… (아주 많은) 시간이 걸립니다.

'결론': 로마는 하루 아침에 이루어지지 않았고, 기업의 탁월함도 마찬가지입니다. 속도를 늦추십시오. ”

톰 피터스

Tom Peters'

읽고!
읽고!!
또 읽기!!!

"저는 평생 동안, (광범위한 주제에 걸쳐) 항상 책을 읽지 않는 현명한 사람을 한 명도 본 적이 없습니다. 단 한 명도요. 제로입니다. 워렌 버핏이 얼마나 많은 책을 읽는지, 그리고 제가 얼마나 많이 읽는지를 알면 깜짝 놀랄 겁니다."

찰스 T. 멍거Charles T. Munger(부회장, 버크셔 해서웨이), 『불쌍한 찰리의 연감: 찰스 멍거의 재치와 지혜Poor Charlie's Almanack: The Wit and Wisdom of Charles T. Munger』

일정이 없는 50%

"바쁜 일정을 피하고, 시간을 확보하여, 정말 중요한 일에 집중하세요. 단도직입적으로 말하면, 모든 리더는 일상적으로 본인 시간의 상당 부분(약 50% 정도)을 일정이 없는 시간으로 남겨두어야 합니다…… 오직 일정에 상당한 '여유'가, 일정이 없는 시간이 있어야만 자신이 하고 있는 일을 되돌아보고, 경험을 통해 배우고, 피할 수 없는 실수로부터 회복할 시간을 가질 수 있습니다."

도브 프로먼Dov Frohman, 인텔 슈퍼스타, 『어려운 리더십: 리더십을 가르칠 수 없는 이유와 그럼에도 리더십을 배우는 방법Leadership the Hard Way: Why Leadership Can't Be Taught and How You Can Learn It Anyway』

자기 관리/자기 인식:
잘 해내기를……

“자신에 대한 자각과 주변 사람들에게 어떤 영향을 미치는지가 뛰어난 리더를 구별하는 요소입니다.”

신디 밀러Cindy Miller, 에디 시쇼어Edie Seashore와 함께, 샐리 헬기슨의 “획기적인 순간의 마스터들”에서, 〈전략+비즈니스〉

“ 리더십은…… 자기 인식입니다……

성공적인 리더란 자신의 행동과 그 행동이 주변 사람들
에게 미치는 영향을 의식하는 사람입니다……

이들은 자신의 어떤 행동이 방해가 될 수 있는지 기꺼이 살펴봅니다……

여러분이 이끌기 가장 힘든 사람은 여러분 자신입니다. 우리가 자신을 이끌지 못한다면 다른 사람을 효과적으로 이끌 수 없습니다. ”

벳시 마이어스Betsy Myers, 『주도권을 잡아라: 동기를 부여하고, 영감을 주고, 자신과 주변 사람들의 잠재력을 최대한 끌어내기Take the Lead: Motivate, Inspire, and Bring Out the Best in Yourself and Everyone Around You』

"극도로 단단한 세 가지:
강철, 다이아몬드, 그리고
자기 자신을 아는 것."

벤 프랭클린Ben Franklin

" 내가 대면하게 될 가장 큰 문제:
데일 카네기 관리하기. "

데일 카네기Dale Carnegie

긍정적:
부정적인 것보다 30배 더 강력함

"긍정적 관심*……은 팀에서 높은 성과를 만들어내는 데 부정적 관심보다 30배 더 강력합니다……

사람들은 피드백이 필요하지 않습니다. 그들은 관심을 필요로 하며, 더욱이 자신이 가장 잘하는 일에 대한 관심을 필요로 합니다. 그리고 관심을 받았을 때 사람들은 더욱 참여도가 높아지고 따라서 생산성이 향상됩니다."

마커스 버킹엄과 애슐리 구달Ashley Goodall, 『일에 관한 9가지 거짓말Nine Lies About Work: A Freethinking Leader's Guide to the Real World』

* 이것은 많은 사람이 인식하기 / 배우기가 정말 어려운 것 같습니다!!! (왜 그럴까요?)

Tom Peters'

친절

“인간의 삶에서 세 가지가 중요합니다. 첫째는 친절해야 한다는 것입니다. 둘째는 친절해야 한다는 것입니다. 그리고 셋째도 친절해야 한다는 것입니다.”

헨리 제임스Henry James

“인간 본성의 가장 심오한 원리는 인정받고자 하는 갈망입니다.”

윌리엄 제임스William James

"인간의 삶에서 가장 강력한 두 가지는 친절한 말 한마디와 사려 깊은 태도입니다."

켄 랭원Ken Langone, 홈디포 공동 창업자, "랭원의 전설"에서, 〈리더스 매거진〉

“자신이 의미 있다고 느끼지 않는 사람은 대개 의미 있는 기여를 하지 못합니다.”

마크 샌번Mark Sanborn, 고객 서비스의 대가

“믿기 어렵겠지만, 저는 직원들에게 약 30,000개 정도의 손글씨 메모를 보냈습니다(하루에 12개씩)…… 지난 10년 동안, 정비 직원부터 고위 경영진까지.”

더글러스 R. 코넌트Douglas R. Conant, 캠벨 수프 전 CEO, “긍정적 피드백의 비밀”, 〈하버드 비즈니스 리뷰〉

Tom Peters'

K = R = P

친절(Kindness) = 반복(Repeat Business) = 수익(Profit)

친절은 무료입니다.

" 상호작용을 지원하는 것에 더 많은 직원과 더 많은 시간, 따라서 더 많은 비용이 든다는 오해가 있습니다.

비록 인건비가 병원 예산의 상당 부분을 차지하지만, 개인 간 상호작용 그 자체로는 예산이 늘어나지는 않습니다. 환자의 말을 경청하거나 그들의 질문에 답변하는 데는 비용이 들지 않습니다.

환자를 소외시키고, 환자의 요구를 지지하지 않고, 환자의 통제력을 제한하는 등의 부정적인 상호작용은 매우 큰 비용을 초래할 수 있습니다……

화가 나거나, 좌절하거나, 겁에 질린 환자는 적대적이고, 위축되고, 덜 협조적이 됩니다. 이런 상황은 처음에 긍정적인 방식으로 상호작용하는 데 걸렸을 시간보다 훨씬 더 많은 시간을 필요로 합니다.”

조 앤 L. 얼프Jo Anne L. Earp, 엘리자베스 A. 프렌치Elizabeth A. French, 멀리사 B. 길키Melissa B. Gilkey, 『헬스케어 품질에 대한 환자 옹호: 환자 중심의 치료를 달성하기 위한 전략Patient Advocacy for Health Care Quality: Strategies for Achieving Patient-Centered Care』

Tom Peters'

COMPACT GUIDE TO EXCELLENCE

Tom Peters'

자신에 대한 자부심

“리더십은 사람들이 어떻게 느끼도록 만드는지에 대한 것입니다 — 리더에 대해, 함께 하는 프로젝트나 업무에 대해, 특히 그들 자신에 대해……”

벳시 마이어스, 『주도권을 잡아라: 동기를 부여하고, 영감을 주고, 자신과 주변 사람들의 잠재력을 최대한 끌어내기』

" 글래드스턴* 옆에 앉았다가 식당에서 나왔을 때, 저는 그가 영국에서 가장 똑똑한 사람이라고 생각했습니다. 그러나 디즈레일리** 옆에 앉았을 때, 내가 가장 똑똑한 사람이라고 느꼈습니다! "

제니 제롬Jennie Jerome, 윈스턴 처칠의 (미국인) 어머니, 크리스토퍼 히버트 Christopher Hibbert 저, 『디즈레일리Disraeli』

* John Hall Gladstone(1827-1902), 영국의 화학자이며 런던 왕립 연구소 교수.
** Benjamin Disraeli(1804-1881), 영국 빅토리아 여왕 시대의 정치가.

Tom Peters'

COMPACT GUIDE TO EXCELLENCE

Tom Peters'

사과의 힘

" 저는 인간이 할 수 있는 가장 마법 같고, 치유적이며, 회복적인 제스처가 사과하는 것이라고 생각합니다. 이는 더 나은 리더가 되기 원하는 경영진과 함께 일할 때 저의 중심이 됩니다. "

마셜 골드스미스Marshall Goldsmith, 『일 잘하는 당신이 성공을 못하는 20가지 비밀What Got You Here Won't Get You There: How Successful People Become Even More Successful』 (마셜 골드스미스가 최고의 경영 코치임에는 틀림없습니다.)

배려해야 합니다.

"당신을 더 나은 리더로 만드는 데 더 중요한 요인이라고 믿는 단 한 가지 조언은…… 당신에게 더 큰 행복을 주고…… 다른 어떤 조언보다 당신의 커리어를 더 향상시키고…… 특별한 성격이나 특정한 친화력을 요구하지 않으며…… 여러분 중 누구라도 할 수 있는…… 그 조언은 바로, 배려해야 한다는 것입니다."

멜빈 자이스Melvin Zais 장군, 미 육군 전쟁 대학 고위 장교들에게 한 연설

참고:
저는 관심주의.닷컴 giveashitism.com을 소유하고 있습니다.

“기본 원리: 리더 혹은 리더가 되고자 하는 사람이 정말로 사람들에게 관심을 갖고 배려하지(정말로! 정말로! 헛소리도 아니고, 만약도 아니고, 그리고도 아니고, 그러나도 아님!) 않는다면, 여기에 나오는 모든 리더십 아이디어는 횡설수설이며 완전히 절대적으로 시간 낭비입니다.

관심주의 = 배려 = 필수불가결.
(Give-a-shit-ism = You must care = Sine qua non.)

(주의: 관심주의를 원하십니까? 채용하세요! 관심주의를 원하십니까? 승진시키세요!)”

톰 피터스

"이력서 덕목"
Vs.
"추모사 덕목"

“이력서 덕목과 추모사 덕목의 차이점에 대해 생각해봤습니다. 이력서 덕목은 취업에 도움이 될 수 있는 기술적인 것들, 즉 외적 성공에 기여할 수 있는 것들을 말합니다. 추모사 덕목은 더 심오합니다. 추모사 덕목은 장례식에서 이야기되는 덕목으로 고인이 친절했는지, 용감했는지, 정직하고 충실했는지, 어떤 인간관계를 형성했는지 등의 인간 존재의 핵심에 관한 것들입니다.”

데이비드 브룩스David Brooks, 『인간의 품격The Road to Character』

그는 사람들을 잘 배려했습니다.

"어떤 의미에서, 세상은 위대한 거짓말쟁이입니다.

세상이 돈을 숭배하고 동경한다고 하지만, 마지막 순간에는 그렇지 않습니다.

세상이 명성과 유명세를 좋아한다고 하지만, 실제로는 그렇지 않습니다. 세상이 동경하고, 의지하고 싶어하고, 잃지 않으려 하는 것은…… 선함입니다.
세상은 미덕을 동경합니다.

결국, 마지막 순간에는 관대함, 정직, 용기, 자비심, 보다 나은 세상을 만드는 데 잘 활용된 재능에 가장 큰 찬사를 보냅니다.

이것이 세상이 진정으로 존중하는 것들입니다.

이것이 중요한 것이기에, 우리가 추모사에서 이야기하는 것입니다.

우리는 "조의 미덕은 부자였다는 거야!"라고 말하지 않습니다.

우리는, 만일 조가 그렇다면……
"조의 미덕은 사람들을 잘 배려했다는 거야!"라고 말할 것입니다. ❞

페기 누넌Peggy Noonan, "인생의 교훈", 저널리스트 팀 러서트의 삶과 유산에 관한 글에서, 〈월스트리트 저널〉

우리가 하는 모든 것에 은총

60세 생일에, 저는 『60(SIXTY)』이라는 제목의 책을 한 권 썼습니다. 번역하자면 '내가 진정 소중히 여기는 60가지'입니다. 그 목록의 마지막 60번째는 정말 엄청난 것을 정의한 것이었습니다. 그것은 단 한 단어, 즉 은총이었습니다. 제 해설은 저명한 디자이너 셀레스트 쿠퍼Celeste Cooper가 한 말을 인용하는 것으로 시작되었습니다.

"제가 가장 좋아하는 단어는, '놀라운 은총',
'구원의 은총', '비난을 견디는 은총',
'은총의 그레이스 켈리' 등
어떻게 쓰이든…… 바로 은총입니다.

우리가 사는 방식은,
우리가 다른 사람을 대하는 방식이든
우리가 환경을 대하는 방식이든……
아름다움에 기여합니다."

셀레스트 쿠퍼, 디자이너

* 저의 동의어 검색기인 로데일Rodale's은 우아함, 매력, 사랑스러움, 친절, 자비, 유익함, 동정심, 아름다움 등을 은총과 유사어로 보여줍니다. 우리가 하는 모든 것에 은총이…… 우리가 더 서두르고 더 바쁘고 더 무감각해질수록 은총은 더 중요합니다.

Tom Peters'

COVID-19 리더십: 일곱 계명

"친절하라.
배려하라.
인내하라.
용서하라.
참석하라.
긍정적이 되라.
상대방 입장에서 생각하라."

톰 피터스

탁월함은
앞으로의
5분입니다.

Tom Peters'

탁월함은
앞으로의 5분입니다.

"탁월함은 염원이 아닙니다.
탁월함은 올라야 할 산이 아닙니다.
탁월함은 초단기 전략입니다.
탁월함은 앞으로의 5분입니다.
탁월함은 당신이 쓸 다음 10줄짜리 이메일입니다.
탁월함은 다음 미팅의 첫 3분입니다.
탁월함은 경청입니다……정말 정말 ('치열하게', '적극적으로' 하는) 경-청-입니다.
탁월함은 우수 고객의 어머니가 큰 수술을 받는 병원에 꽃을 보내는 것입니다.

탁월함은 '작은' 일에 '감사합니다'라고 일부러 애써서 말하는 것입니다.
탁월함은 '사소한' 실수에 대응하기 위해 신속하게 모든 수단을 동원하는 것입니다.
탁월함은 마무리 손질에 마무리 손질에 마무리 손질을 더하는 것입니다.
탁월함은 앞으로의 5분입니다.
(그렇지 않으면 아무것도 아닙니다.) ”

톰 피터스

Tom Peters'

COMPACT GUIDE TO EXCELLENCE

탁월함은
도덕적 행위입니다.

“탁월함을 창조하는 것은 업무가 아닙니다.
탁월함을 창조하는 것은 도덕적 행위입니다.”

휴 매클라우드Hugh MacLeod, 갭핑보이드

후기 :
명백한 것의
눈부신 섬광

저는 지쳐 있었습니다. YPO 그룹을 위한 이틀간의(!) 세미나를 막 끝냈기 때문입니다. 이틀도 충분히 힘들었지만, YPO 사람들은 요구가 많고 늘 도전적이고 후속 질문을 하는 등 까다로웠습니다. 저는 마무리로 (무대에서) 참석자들에게 피드백을 좀 해달라고 부탁했습니다. 그런데, 참석자들이 세미나를 정말, 정말 많이 좋아해서 저 자신도 자부심을 느꼈습니다.

그러던 중 남부 플로리다에서 100여 개의 버거킹을 운영하는 최고 가맹점주 중 한 명인 매니 가르시아Manny Garcia가 손을 들고 말했습니다. 매니는 "저는 아주 바쁜 사람이고 이틀이라는 시간은 저에게 매우 긴 시간이었습니다. 그리고 새로운 것을 배우지도 못했습니다"라고 말을 열었습니다.

"내 심장이 툭 가라앉았다"는 당시 내 심정을 설명하기에는 너무 부드러운 표현입니다. 하지만, 그는 이어서 "제가 참석했던 세미나 중에서 최고였습니다. 무엇이 중요한지 일깨워주는 엄청난 세미나였습니다. 우리는 그것이 중요하다는 것을 알고는 있지만 늘 바쁘다는 핑계로 잊고 있었습니다. 이번 세미나는 명백한 사실을 눈부시게 번쩍하고 깨닫게 해줬습니다"라고 말했습니다.

음, 이 책은 저의 스무번째이자 마-지-막 책입니다. 저는 모든 책에서 다음의 핵심 메시지들을 반복해서 강조했습니다: (정말로) 사람 우선 , 죽을 각오의 훈련, 자부심을 불러일으키고 세상을 조금 더 좋게 만드는 제품과 서비스, 하루 24시간/일주일 내내 도덕적 행동, 친밀한 행동의 리더십(MBWA: 배회하며 관리하기), 리더의 스킬 #1으로의 경청, 우리의 표어는 지속가능성, 우리가 하는 모든 것에서 탁월함……

저는 이러한 모든 아이디어를 "명백한 것의 눈부신 섬광"이라 부르고자 합니다. 그리고 수많은 엄청난 지역적, 세계적 도전에 직면해 있는 지금, 저는 내일이 아닌 오늘, 바로 지금 시작해야 한다고 말하고 싶습니다.

톰 피터스

by 낸시 그린

낸시 오스틴Nancy Austin은 톰 피터스를 "더 이상 성姓이 필요없는 인간 감탄부호"라고 요약한 적이 있습니다. 40여 년 전 밥 워터먼과 함께 가장 중요한 비즈니스 서적 중 하나로 꼽히는 『초우량 기업의 조건』을 쓰기 위해 열정을 불태운 원동력이 없었더라면 톰 피터스는 그저 흥미로운 인물에 지나지 않았을 것입니다. 그의 최신작인 『탁월한 기업의 조건』은 비즈니스 서적으로 인정받고 있을 뿐만 아니라, 2021년에 쓰인 휴머니즘에 대한 최고의 책 중 하나로 선정되었습니다. 아마도 이것이 더욱 큰 영광일 듯합니다. 왜냐하면 사람, 그냥 진부한 표현으로서의 사람이 아니라 진실로 심오하게 사람, 그리고 그들의 재능, 희망, 꿈, 욕구를 존중하는 것은 모든 기업의 성공을, 심지어 금융을 열정적으로 이끄는 원동력이라고 톰은 말하기 때문입니다.

성실히 일하는 것을 중시하고 톰이 개인적 성공을 이루도록 이끌어 주었던 어머니 슬하에서 성장한 톰은 해군에 입대했고 스탠포드에서 MBA를 취득했습니다. 대다수 사람들이 얼마나 많은 돈을 벌 수 있는지, 무엇이 훌륭한 회사를 만드는지 등의 진지한 질문을 여전히 하고 있을 때 그는 맥킨지에 입사했습니다. 밥과 톰에게 주어진 연구 과제가 가장 완벽한 성장 장소를 찾았을 때, 그의 첫번째 책이 그를 찾았다고 말할 수 있습니다. 매우 사려 깊고 영혼을 탐구하는 이들 두 명의 뛰어난 사상가의 마음에서, 그들은 인간적인 기업의 신성한 목적에 대한 비전을 사람들이 자신의 삶을 살아가고 공동체와 사회에 봉사하는 사명에 따라 성취감을 느끼며 일할 수 있는 곳이라고 정의했습니다. '주주 가치'나 '자기 중심주의 세대(me generation)'와 같은 탐욕을 예로 들어 어디에서 잘못되었는지에 대해 많은 이야기를 할 수 있습니다. 톰은 우리가 잃어버린 것에 고통스러워했고 승리의 순간에 기뻐했습니다.

이 책은 톰의 개인적인 승리이고, 그가 오래도록 말해온 것들의 본질이 축약된 책입니다. 이 책은 단어들과 그 형성에 대한 진정한 파트너십을 보여주었습니다. 그리고 마침내 이 마지막 책이 완성되었을 때, 우리 모두가 여정의 기쁨을 놓치고 있을 때, 톰이 매일 숨을 쉬며 싸우는 목표가 바로 이것이라는 사실을 깨달았습니다. 협업, 공유된 목표를 향한 작업, 노력의 각 부분에 대한 축하, 자부심 가질 만한 멋진 결과물…… 이보다 더 인간적인 일은 없을 것입니다.

낸시 그린

by 톰 피터스

컨설팅 회사 도노반/그린Donovan/Green의 공동 창업자인 낸시는 세계 최고의 디자이너 중 한 명으로 널리 거듭 인정받고 있습니다. 그녀가 받은 상과 수상 프로젝트 목록만 해도 이 책의 절반을 채울 수 있을 정도입니다. 그녀는 자신이 금메달을 수상한 미국 그래픽 아트 협회AIGA와 아스펜 국제 디자인 컨퍼런스IDCA의 전 회장이기도 합니다. 낸시는 또한 현재 에코헬스 얼라이언스 이사회 의장, 뉴욕시의 더 뉴 스쿨 이사회, 홀마크 이사회 이사로 활동하고 있습니다. 코코란 예술 학교에서 명예 박사 학위를 받았으며, 우수 디자인상의 미국 대통령상 선정위원회 위원으로 활동했고, 미국에서 가장 창의적인 사람들의 기술 연예 디자인(TED) 명부에 선정되었습니다.

저는 낸시에게 디자인에 대한 그녀의 접근 방식을 요약해달라고 부탁했습니다.

"저는 차이를 만들어내는 큰 아이디어를 가진 아주 똑똑한 사람들과 일하는 것을 좋아합니다. 저는 일을, 무언가를 알아내는 것을, 아이디어/개념/관점 등을 형상적으로 표현하는 것을, 누구나 이해할 수 있는 가장 단순하고 가장 심오한 아이디어가 나올 때까지 고민하고 고민하고 또 고민하는 것을 좋아합니다. 거짓말 안 하고, 저는 아름다운 것을 좋아합니다. 아름다운 것은 저를 행복하게 만들고, 아름다움과 즐거움은 동기 부여를 위한 보편적인 초기 약물이라고 생각합니다. 취미요? 저는 책읽기를 사랑합니다."

저는 25년 동안 훌륭한 디자인을 소리 내 옹호해왔지만, 낸시와 함께 일하기 전까지는 그것이 진정으로 무엇을 의미하는지 잘 몰랐습니다. 저는 제 마지막 저서인 『탁월한 기업의 조건』(낸시가 책 제목과 디자인을 책임졌습니다)에 대한 낸시의 공헌을 열렬히 인정하고, 여러분이 읽고 있는 이 책에 대한 그녀의 노력에 다시 한 번 열렬히 이야기할 준비가 되어 있습니다. 그리고 진작에 깨달았어야 했던 것을 이제야 깨달았습니다. 낸시는 이 책의 '디자이너'가 아니라, 이 책의 공동 저자이고, 오히려 주 저자입니다. 그녀는 제 단어들을 가져다가 디자인을 통해 완전히 변형시켰습니다. 독자들에게 전하는 저의 '메시지'는 책의 모양, 느낌, 맛, 촉감, 냄새, 그리고 특징입니다. 따라서, 『톰 피터스의 인사이트 노트』의 공동 저자인 낸시 그린을 여러분에게 소개하게 되어 너무 자랑스럽습니다.

엑설런스 나우 캠페인

"여러분이 지금 하고 있는 일이 여러분 전체 커리어의 전형적인 특징이 될 것입니다."
_ 톰 피터스

작금의 사회 정치적 불안과 글로벌 팬데믹의 격동적인 시기에는 깊은 참여, 인간적 연결, 그리고 바로 탁월함이 요구됩니다. 이에 톰 피터스는 '엑설런스 나우 캠페인'을 만들었는데 이것은 탁월함에 대한 결정적인 교훈이 될 수 있도록 의도된 과정들이며, 매우 중요하고 그 어느 때보다 중요한 주제들에 초점을 맞춘 강의들입니다. 이 과정에는 『초우량 기업의 조건』과 『탁월한 기업의 조건』 두 권과 "탁월함: 그 어느 때보다 지금" 강좌 시리즈가 포함됩니다.

톰 피터스에 대한 자세한 내용은 tompeters.com에서 확인하세요.

탁월함: 그 어느 때보다 지금 강좌 시리즈

6개 파트로 구성된 강좌 시리즈는 탁월함을 위한 총 99개의 단계를 제공하며, 각 단계마다 지금 바로 실천할 수 있는 구체적인 행동 강령으로 이어집니다. 다시 말하면, 99단계와 99개 이상의 행동 강령으로 구성되어 있습니다. 이 강좌 시리즈의 목표는 단순합니다: 수십 년에 걸친 톰의 연구 결과에 따른 전략을 실행하는 데 실질적인 도움을 주고자 하는 것입니다. 2명의 회계사만 있는 조직이든, 14명의 교육 부서이든, 23명의 비영리 단체 직원이든, 혹은 대기업의 한 부서이든 상관없습니다.

"탁월함: 그 어느 때보다 지금" 강좌 시리즈에 대해 자세히 알고 싶다면, QR 코드를 스캔하세요.

극단적 휴머니즘 책 시리즈
엑설런스 나우 캠페인의 추가 타이틀:

『탁월한 기업의 조건』

이 책에서 톰은 리더에게 높은 수준의 기준을 제시하는데, 이는 오늘날 매우 혼란스럽고 급변하는 세상의 상황을 고려할 때 특히 중요합니다. 왜 부제가 "극단적 휴머니즘"인가? 연민의 감정은 옳은 일일 뿐만 아니라 비즈니스 감각을 만들어줍니다. 톰은 당신이 이끄는 사람들의 성장에 엄청나게 집중함으로써 탁월함의 리더십이 어떻게 달성되는지 보여줄 것입니다. 〈전략+비즈니스〉가 선정한 2021년 최고의 리더십 도서로 선정되었으며, 〈북오소리티〉가 선정한 최고의 휴머니즘 도서 중 하나로도 선정되었습니다.

『탁월한 기업의 조건 : 43개의 넘버원들』

톰의 43년간의 리더십 연구에서 비롯된 43가지의 실행 가능한 '진정한 넘버원' 모음집입니다. 각각의 아이디어는 독립적으로 존재하며, 목록의 중간이나 하단으로 밀려날 수 없습니다. 또한 43가지 아이디어 각각은 나머지 아이디어를 서로 뒷받침하며, 전체 세트를 종합하면 기업의 탁월함을 위한 태피스트리가 완성됩니다.

감사의 말

이 책과 이전 두 권의 책은 매우 중요한 두 분의 기여가 없었다면 불가능했을 것입니다.

셸리 돌리Shelley Dolley는 사실상 톰의 '최고 운영 책임자(COO)'로 20년 이상 일해왔습니다. 그녀는 믿기 어려울 정도로 유능하지만, 사실은 훨씬 그 이상입니다. 그녀는 '톰의 문장을 이어서 마무리짓지 않고'…… 문장을 시작합니다. COO 업무 이외에, 그녀는 자료의 내용에 중요한 기여를 합니다. 그녀는 '모든 일을 할 뿐만 아니라', 모든 일을 훌륭하고 사려 깊게 게다가 초고속으로 해냅니다.

스투아르도 로페즈Stuardo Lopez는 이 책 시리즈의 디자이너로서 엄청난 재능을 보여줬습니다. 그는 재능과 지성, 호기심, 유머를 겸비한 사람이며, 이는 우리가 한 팀이 되어 수년 동안 검증을 거친 결과입니다. 또다른 재능 있는 젊은 디자이너인 재이제이 월시JayJ Walsh와 함께, 우리 저자들은 아이디어를 더하고 빼면서 즐겁게 아이디어를 연달아 제시하였고, 그 결과물이 우리가 처음에 설정한 높은 기준에 항상 부합한다는 사실에 매번 감격했습니다. 이 두 명의 뛰어난 디자이너가 없었다면 이 책들이 탄생하지 못했을 것이라는 데에 의심의 여지가 없습니다.

그리고 우리 모두를 하나로 모아주고, 극단적 휴머니즘 프로젝트의 정신적 지주이며, 큰 꿈을 꾸는 전형인 줄리 아닉스터Julie Anixter에게도 큰 감사를 표합니다.

역자 후기

by 박찬정

1990년에 미국 유학 생활을 시작한 저는 대학(경영학)과 대학원(광고학)에서 'simple is best'와 'hard is best'를 온몸으로 배웠고, 문화적 토대가 완전히 다른 전형적인 한국 사람으로서 당시 심각한 문화 충격을 받았습니다. 단순 명료, 과학, 예측, 전략, 이성, 수치, 정량화……

30여 년이 흐른 지금, 그 미국에서 경영학 구루 중 한 명으로 꼽히는 톰 피터스가 'more is different'와 'soft is best'를 강조하고 있는 사실에 저는 당시와는 다른 새로운 문화 충격을 느낍니다. 더 많은 것, 사람, 관계, 예술, 감성, 가치, 정성화……

저는 '복잡계'와 '단순계'를 공부하며 소위 부드러움의 한국(동양) 문화와 딱딱함의 미국(서양) 문화를 더욱 깊이 있게 이해하게 되었고, 우리의 딱딱함에 대한 동경과 미국의 부드러움에 대한 존중이 결국 중간 어느 지점에서 서로 만나게 되지 않을까 생각했습니다. 또한 '프랙탈'을 연구하며 부드러움과 딱딱함이 만나는 그 중간 어디쯤의 사이 공간에서 이전과는 다른, 글로벌한 '새로운 문화의 창조'와 같은 창발 현상이 일어날 것을 믿게 되었습니다. 저는 그 사이 공간을 soft와 hard를 합쳐 'sofard'라고 부르고자 합니다.
BTS의 '칼군무에 담긴 자유로운 서사'가 소파드에서의 새로운 창발은 아닐까요?

톰 피터스의 '탁월함은 부드러움에 있다'는 동서양의 만남을 재촉하는 리더십으로 인해 세상이 진화하고 있음을 느끼고, 그 혜안에 마음 깊이 감사의 인사를 전합니다.

역자 후기

by 박철우

'탁월함'에 대한 고민.

분야를 막론하고 자신의 꿈을 향해 나아가는 사람, 커리어의 발전을 추구하는 사람 등 모두에게 관통되는 고민일 것 같습니다. 자신이 속한 분야에서 남들보다 뛰어난 성과를 만들어내고, 스스로의 능력을 더욱 인정받고자 할 것이기 때문이죠.

저 역시도 길지 않은 경력이지만, 외국계 회사에서 치열하게 근무하고 경쟁하며 탁월함을 갖추고 돋보이고자 하는 열망이 강하게 자리 잡고 있었습니다. 부드러움(사람/관계/문화)보다는 딱딱함(숫자/계획)이 강조되는 환경 속에서, 저 역시 탁월함은 곧 딱딱함의 강점이라는 생각을 갖게 될 즈음 이 책을 접하게 되었습니다.

본 책에서는 수많은 이분법적 대립 관계를 제시합니다. 전략 vs 실행, 조직 vs 사람, 수익성 vs 지속가능성, 대기업 vs 중소기업 등.

이들은 곧 딱딱함 vs 부드러움으로 요약됩니다. 이러한 대립 관계 속에서 딱딱함이 아닌, 부드러움이 탁월함으로 이어진다는 톰 피터스의 가이드는 제가 느껴가고 있던 성공에 대한 철학을 흔들었습니다. 전략, 숫자, 수익성이 가장 중요하고, 이를 통해서 증명해야만 하는 집단에서 사람과 관계에 더 집중하라는 것은 받아들이기 쉽지 않고, 받아들인다고 해도 실행에 옮길 엄두는 더더욱 없었습니다.

저뿐만 아니라, 딱딱함의 리더십을 믿고 계신 대다수 분들은 마찬가지일 듯합니다. 자신의 믿음과 철학을 바꾸고, 변화하는 것은 정말 어렵습니다. 하지만 여기에서 탁월함을 갖춘 자신의 모습이 과연 무엇인지에 대해 깊은 고민이 필요함을 느낍니다. 그저 순간의 경쟁에서 이기고 싶으신가요, 진정한 리더가 되고 싶으신가요?

"하드엣지의 강점은 경쟁에는 필요하지만 승리하기에는 충분하지 않은 아주 잠깐 동안의 이점만을 제공합니다. 하지만 소프트엣지의 강점이 있다면 큰 전략적 실수나 대격변을 겪어도 살아남을 수 있습니다."

'탁월함'을 좇는 많은 분들이 본 저서를 통해 자신의 고민과 물음에 대한 정답을 찾으실 수 있길 바랍니다.

지은이

톰 피터스Tom Peters

미국의 대표적인 경영학자이자 기업인. 피터 드러커와 함께 현대 경영의 창시자로 불린다. 스탠퍼드대 경영대학원에서 석·박사 학위를 취득했다.
지금까지 20권의 책을 펴내고 63개국에서 3,000회 가량의 강연을 하며 40년간 경영 구루 중의 구루의 자리를 지키고 있다. 2017년 11월 싱커스 50Thinkers 50에서 평생공로상을 받았다.
톰 피터스는 기술 중심의 비즈니스 환경에서 인간 중심의 비즈니스를 취할 것을 지속적으로 주장한다. 이 책은 그가 지금까지 현장에서 익히고 배우고 가르쳤던 모든 통찰을 간명하고 임팩트 있게 담아낸 결과물이다.

낸시 그린Nancye Green

디자이너이자 비즈니스 리더로 스타트업 기업부터 중견 기업, 비영리 단체에 이르기까지 기업의 복잡한 커뮤니케이션 및 혁신 과제를 진행하고 있다. 1970년대 중반 Donovan/Green을 공동 창립했다. 2014년 Michael Donovan과 함께 디자인 분야에 대한 공헌으로 미국 그래픽아트 협회 메달을 받았다.
최근에는 더 인간적이고 정의로운 세상을 만드는 데 기여할 수 있다고 믿는 사람들의 지식과 경험을 찾아 언티칭Un/Teaching이라는 캠페인을 펼치고 있다.

옮긴이

박철우

연세대학교 경영학과 졸업.
베인앤컴퍼니와 센트로이드인베스트먼트 파트너스에서 인턴을 거쳐,
현재 노무라금융투자에서 연구원으로 일하고 있다.

박찬정

미시건주립대 대학원 광고학과를 졸업하고, 동워싱턴대 경영학과를 졸업했다.
오리콤과 애드벤처(현 JWT), 브랜드앤컴퍼니에서 일했으며, CNNB커뮤니케이션즈 대표이사를 거쳐 현재 비브랜드 대표이사를 맡고 있다.
대한민국 브랜드 전략 컨설턴트 1호이자, 서울여자대학교 언론홍보학과 한국외국어대 신문방송학 외래교수를 역임하였다.
삼성전자, 호텔신라, 인천국제공항, 코트라, 신영증권, KT&G, LG전자 등 브랜드 전략 컨설팅을 진행하였다.
저서로는 『프랙탈 경영전략』『브랜드 3.0』『브랜드 X팩터』가 있다.

톰 피터스의 비즈니스 인사이트

세계적 구루의 탁월한 경영 전략 13

초판 1쇄 인쇄 2023년 11월 21일
초판 1쇄 발행 2023년 12월 1일

지은이 톰 피터스, 낸시 그린
옮긴이 박찬정, 박철우

편집 황도옥 정소리 | **디자인** 백주영
마케팅 김선진 배희주 | **저작권** 박지영 형소진 최은진 서연주 오서영
브랜딩 함유지 함근아 고보미 박민재 김희숙 박다솔 조다현 정승민 배진성
제작 강신은 김동욱 이순호 | **모니터** 이원주 | **제작처** 천광인쇄소

펴낸곳 (주)교유당 | **펴낸이** 신정민
출판등록 2019년 5월 24일 제406-2019-000052호

주소 10881 경기도 파주시 회동길 210
전화 031.955.8891(마케팅) | 031.955.2692(편집) | 031.955.8855(팩스)
전자우편 gyoyudang@munhak.com

인스타그램 @thinkgoods | **트위터** @think_paper | **페이스북** @thinkgoods

ISBN 979-11-92968-56-8 (02320)

• 아템포는 (주)교유당의 경제, 경영, 자기계발 브랜드입니다.